AF287547

Burnout-Helpcenter
Ein Institut der Sali Med GmbH

Dieses Buch ist persönliches Eigentum von:

_____

Es wurde ausgefüllt am / von:

_____

Es enthält sehr persönliche Informationen.
Sollten Sie als Leser <u>zufällig</u> dieses Buch
in die Hand bekommen haben, möchten
wir Sie bitten, die Privatsphäre zu respektieren und nicht weiter zu lesen.

Vielen Dank.

Das Buch ist Teil der Reihe „Burnout im Alltag" mit nachstehenden Titeln. Alle werden über den Buchhandel vertrieben.

Meine Situation: Burnout ganzheitlich begutachten (ISBN 9783842341760)
Unsere Situation: Burnout-Prävention im Betrieb (ISBN 9783842373570)
Deine Situation: Burnout beim Partner erkennen (ISBN 9783842373556))
Mein Logbuch: Burnout ganzheitlich verhindern (ISBN 9783842361720)
Meine Werft: Burnout mit Aufgaben verhindern
Mein Hafen: Burnout mit Zielplanung verhindern

Burnout mit „the work" unterstützend verhindern (ISBN 9783842380783)
Burnout mit „mental relaxation" unterstützend verhindern
Burnout mit „Lach-Yoga" unterstützend verhindern (ISBN 9783842334670)
Burnout mit „Blitz-Training" unterstützend verhindern
Burnout – das kann mir doch nicht passieren !

Jürgen Loga & Petra Seiter

Deine Situation

Burnout beim Partner einschätzen

Leitfaden, um das Vorliegen
eines Burnout-Prozesses bei
dem Partner einzuschätzen

Bibliografische Information
der Deutschen Bibliothek

Die Deutsche Bibliothek verzeichnet diese Publikation in der Deutschen Nationalbibliografie; detaillierte bibliografische Daten sind im Internet über http://dnd.ddb.de abrufbar.

ISBN: 9783842373556

Autoren:
Jürgen Loga & Petra Seiter
Campico Caceres
ES – 04271 Lubrin / Spanien

Beide verfügen über Ausbildungen und langjährige Erfahrung in dem Bereich Burnout. Zudem sind sie im Bereich der Erwachsenenbildung sowie in der Fort- und Weiterbildung von Therapeuten tätig.

1. Auflage 2011

© Jürgen Loga & Petra Seiter

Layout: Jürgen Loga
Buchsatz: Jürgen Loga
Herstellung: Books on Demand GmbH, Nordersted
Bilder: Fotolia: © Peter Atkins (Titel)
               Shutterstock: © Nicholas Sutcliffe (Seite 18)

Was die Menschen bewegt,
sind nicht die Dinge selbst,
sondern die Ansichten,
die sie von diesen haben.

Epiktet, 1.Jhdt. n. Christus

Inhaltsverzeichnis

Vorwort

Wenn Sie dieses Buch in der Hand halten, dann haben Sie den Verdacht, dass Ihr Partner oder ein Mitmensch im engeren Umfeld (zum Beispiel ein Familien-Angehöriger oder enger Freund) vielleicht unter einem Burnout-Syndrom leidet. Stellvertretend für alle diese Menschen bezeichnen wir in unserem Buch aber fortan den Partner als Zielperson.

Sprechen Sie ihn an, wird es Ihnen genauso so ergehen wie vielen, die dies bereits schon bei anderen Menschen versucht haben: Sie werden in der Regel die Antwort erhalten, dass es „totaler Blödsinn" ist, diesen Verdacht zu haben. „Ich bin doch nicht krank", „Ich habe alles im Griff – nur etwas Stress", „Das geht schnell vorbei" und so weiter.

Hat Ihr Partner also Recht? Ist vielleicht IHR eigener Eindruck falsch? Oder haben Sie vielleicht doch einen berechtigten Verdacht? Kennen ihn ja schon länger und beobachten die Situation nun sehr besorgt?

Das Ziel dieses Buches ist es, Ihnen in dieser Situation zu helfen. Sie in die Lage zu versetzen, durch die Beantwortung von Fragen eine Einschätzung der Situation vornehmen zu können. Es klärt NICHT die Frage, in welcher Stufe eines Burnout-Prozesses sich der/die Betroffene befindet, zeigt Ihnen aber auf, welche weiteren Schritte wann und wie notwendig sind.

Um also ganz klar darauf hinzuweisen: Dieser Leitfaden erstellt kein medizinisches Gutachten und auch keine medizinische Diagnose.

In unserer langjährigen Erfahrung haben wir im Burnout-Helpcenter leider immer wieder festgestellt, dass viel zu schnell und oberflächlich ein „Burnout" diagnostiziert wird. Doch „Burnout" ist kein Modethema, sondern eine sehr ernst zu nehmende Situation, mit der nicht gespielt werden darf. Und bei dem Verdacht auf „Burnout" darf man nicht zu lange warten, denn die Folgen sind sonst für beide Partner und für eine Familie gravierend.

Burnout kann aufgrund von menschlichen Verhaltensmustern, die Sie in diesem Buch noch kennen lernen werden, meistens nicht von dem Betroffenem selbst erkannt werden – und deshalb ist es so wichtig, dass Sie die Sache von außen in die Hand nehmen und Initiative zeigen. Und sollte es tatsächliche Burnout-Prozesse geben, dann können Sie sicher sein, dass Ihr Partner sich später sehr freuen wird, weil Sie sich engagiert haben.

Die Vorgehensweise ist dabei nicht schwierig. Sie erfahren im **ersten Teil** mehr über die Hintergründe eines Burnout-Syndroms. Lernen zu verstehen, warum Betroffene oft nicht mehr selbst handeln und entscheiden können. Bekommen Informationen darüber, wie Betroffene die Situation verstehen und welche Konsequenzen sich daraus ergeben.

Im **zweiten Teil** finden Sie das von uns entwickelte Tagebuch zur Beobachtung und den Fragebogen zum Umfeld. Als Ergebnis ermitteln Sie dann einen Wert, der Ihnen dann mitteilt, wie hoch das Risiko ist, dass es sich um einen echten Burnout-Prozess handelt.

Mit diesen Erkenntnissen werden Sie im **dritten Teil** dann lesen, wie die nächsten Schritte aussehen können, also zum Beispiel der Kontakt zu einem Psychologen, einem Arzt – oder einem Burnout-Lotsen®.

Uns würde interessieren, wie Sie dieses Buch empfunden haben. Auf Ihr Feedback freuen wir uns – schreiben Sie uns einfach eine Email an:

meinung@burnout-helpcenter.de

Ihre Autoren

Jürgen Loga und Petra Seiter

Die Autoren stellen sich vor

Im Jahr 2009 wurde das Burnout-Helpcenter als Institut der Sali Med GmbH in Löwenstein gegründet. Ziel war es, die ganzheitlichen Erfahrungen von der Ärzteschaft, Physiotherapeuten und Psychologen bzw. Mental-Coaches zusammen zu bringen.

Das Burnout-Helpcenter in Löwenstein

Mittlerweile werden an verschiedenen Standorten des Burnout-Helpcenters die bekannten „Help-Camps" veranstaltet: Offene anonyme Gruppen, in denen sich Gleichgesinnte treffen und die mit bestimmten Themen von Burnout-Lotsen® geleitet werden. Diese Burnout-Lotsen® werden speziell, aufbauend auf deren schon bestehende therapeutische, ärztliche oder heil-praktischen Ausbildung, im Burnout-Helpcenter ausgebildet.

Das Burnout-Helpcenter in Löwenstein wird von den Autoren dieses Buchs, Petra Seiter und Jürgen Loga, geleitet. Das Buch ist Teil einer Reihe mit verschiedenen Titeln, die Sie am Buchanfang finden.

Für Ihre Notizen

Teil 1: Vorbereitung

Was ein Burnout-Syndrom bedeutet

Ein Burnout-Syndrom (englisch burn out: „ausbrennen") bzw. das „Ausgebrannt sein" ist keine Krankheit mit eindeutigen diagnostischen Kriterien, sondern eine vollkommene körperliche, emotionale und geistige Erschöpfung. „Syndrom" bedeutet, dass es verschiedenste Auswirkungen auf Körper, Geist und Seele gibt, die individuell total verschieden sein können.

Aus dem Alltag unseres Burnout-Helpcenters

Der Anruf kam an einem Montag im September. „Mein Tobias ist total zusammengebrochen. Sitzt hilflos weinend im Bett und weigert sich einfach, aufzustehen. Er sagt, er kann nicht mehr. Hat keine Kraft mehr. Und das trotz dem Urlaub vom letzten Monat, in dem wir uns so toll erholt haben" berichtet seine Frau Tina am Telefon. „Tobias will nicht zum Arzt. Er sagt, er ist eigentlich vollkommen topfit. Aber was soll ich denn tun?"

Dieses Burnout-Syndrom (wir sagen umgangssprachlich zukünftig nur noch „Burnout") wurde zunächst bei helfenden Berufen beschrieben und ist mittlerweile auch in zahlreichen anderen Berufsgruppen zu beobachten, macht aber auch nicht vor Hausfrauen, Schülern und Studenten halt.

Die Techniker Krankenkasse sagt in dem Stress-Kompass 2010, dass 32% aller Deutschen ständig zu viel Stress erleben. Die Folge: Eine Verneunfachung (Quelle AOK 2010) der Burnout-Fälle in Deutschland, wobei die hohe Dunkelziffer noch nicht einmal berücksichtigt wurde. Und auch die körperlichen Beschwerden haben laut der Krankenkasse „Barmer-GEK" 2008 zugenommen: 93% aller Rückenbeschwerden waren ohne eindeutigen organischen Befund.

Tatsache ist, dass das Burnout-Syndrom durch Stress entsteht, der wiederum durch falsche Sichtweisen aufgebaut wird, was letztendlich zu körperlichen Symptomen führt. Genau diese Symptome sind oft der Anlass dafür, dass Sie sich als „Beobachter der Situation" Sorgen machen – und letztendlich handeln, wenn Ihnen der Mensch wichtig ist.

Aus dem Alltag unseres Burnout-Helpcenters

Rainer M. aus München (47) arbeitet als selbständiger Handelsvertreter seit Jahren mit 100% Leistung. Bis vor kurzem machte sich seine Frau Sabine keine Sorgen um Ihren Mann – er kannte kaum Schmerzen, war körperlich fit und aktiv. Kurz vor dem Besuch in unserem Help-Center bekam er dann plötzlich starke Schmerzen in der Leisten-Gegend. Der Verdacht auf Leistenbruch, Prostata-Problemen, Darmentzündung oder gar Krebs erwies sich nach einem Untersuchungsmarathon als unbegründet – doch woher kommen dann die Schmerzen?

Das Zusammenwirken von Körper und Seele

Für viele Menschen ist es leicht nachvollziehbar, dass körperliche Erkrankungen zu psychischen Problemen führen können. Sei es, das sich jemand wegen einer auffälligen Hauterkrankung schämt und dann ein Selbstwertproblem hat, unter chronischen Schmerzen leidet oder sei es, dass er wegen der ungünstigen Prognose einer Krebserkrankung depressiv wird.

Manchem ist jedoch nicht bekannt, dass dieses gegenseitige aufeinander Einwirken von Körper und Seele auch andersherum funktioniert, das psychische Ursachen auch für körperliche Erkrankungen verantwortlich sein oder diese fördern können. Solche körperlichen Schädigungen aufgrund starker oder ausschließlich seelischer Verursachung bezeichnet man als **psychosomatische** Erkrankungen (seelisch-körperliche Erkrankungen).

Häufig ist dieser Seele-Körper-Zusammenhang weder dem davon Betroffenen noch dem behandelnden Arzt auf Anhieb offensichtlich, so dass solche Erkrankungen oftmals jahrelang unerkannt bleiben. Erst nach diversen erfolglosen Versuchen, diesen körperlichen Symptomen mit Hilfe ärztlicher Heilkunst zu Leibe zu rücken, werden sie schließlich als „psychosomatisch" diagnostiziert, weil die allein körperliche Behandlung nicht zum Abklingen der Symptome führt. Viele Betroffene sind dann bereits völlig verzweifelt, weil sie sich selbst oder andere sie als „unheilbar", als „eingebildete Kranke", „Spinner" oder gar als „Simulanten" ansehen. Auslöser ist letztendlich ein **Stress** von „Innen", der also durch falsche Sichtweisen im Kopf des Betroffenen entsteht. Deshalb wollen wir uns mit dem Stress genauer beschäftigen.

Aus dem Alltag unseres Burnout-Helpcenters

Nicht jeder Mensch muss zwangsläufig ein Burnout trotz chronischem Stress erleben. Mittlerweile gilt als anerkannt, dass durch eine „gute" genetische Ausstattung oder auch bestimmte Denkweisen eine „Resilienz" besteht, manche Menschen also mehr aushalten. Mehr zu dem Thema finden Sie im Internet unter www.wikipedia.de, wenn Sie dort nach dem Begriff „Resilienz" suchen.

Stress und seine Auswirkungen

Unter Stress versteht man also die starke Belastung eines Organismus durch innere oder äußere Einwirkungen. Häufige oder extreme Stressbelastung kann zu einer Schwächung der Widerstandskraft und langfristig zu organischen Schädigungen führen.

Bei äußeren Stressoren wie Anstrengung, Lärm, Hunger oder Strahlenbelastung ist dies meist leicht nachvollziehbar. Jemand, der täglich Marathon-Distanzen läuft oder stundenlang in der prallen Sonne liegt, exzessiv Alkohol trinkt oder raucht, wird irgendwann mit körperlichen Schädigungen zu rechnen haben: Es ist äußerer Stress. Aber auch innerer psychischer Stress kann das bewirken. Wer – zu Recht oder Unrecht – überall Gefahren wittert und sich deswegen innerlich andauernd im Alarmzustand befindet oder wer sich über alles oder jeden ärgert, der setzt seinen Organismus durch fortwährende Ausschüttung von Stresshormonen andauernd oder zu häufig in einem Stresszustand und kann damit langfristig Organschädigungen bewirken.

Solche psychosomatischen Erkrankungen können das Herz-Kreislauf-System betreffen (z.B. Bluthochdruck, Herzstechen und -schmerzen, Migräne), das Atmungssystem (z.B. Asthma, Hyperventilation), das Muskulatur und Skelettsystem (z.B. schmerzhafte Verspannungen und Entzündungen, Rheuma), den Magen-Darm-Trakt (z.B. Magen- oder Darmgeschwüre, Magen- und Darmkrebs, Magenschleimhautentzündungen, Gallenerkrankungen, Verdauungsprobleme) oder die Haut (z.B. Allergien, Hautkrebs, chronische Hauterkrankungen, Herpes) oder das Nervensystem (z.B. Gürtelrose, Neuralgien).

Innerer psychischer Stress kann zudem bestehende Empfindlichkeiten verstärken, die Erkrankungen selbst auslösen oder ein durch Dauerbelastung geschwächtes Immunsystem bewirken.

Psychischer Stress

Während sich äußere Stressfaktoren noch relativ leicht erkennen und abstellen lassen – auch wenn das oft Konsequenzen hat – fällt dies bei psychisch verursachtem Stress meistens nicht so leicht. Hier muss zunächst herausgefunden werden, wie und wodurch sich der erkrankte Mensch unter Druck setzt, unter welchem emotionalen Stress er leidet und welche Normen, Denkmuster, Ziele und Einstellungen dafür verantwortlich sind.

Warum der Betroffene nicht selbst handelt

Bislang klang das alles eigentlich ganz logisch. Aber warum kommt dann der Betroffene nicht selbst zu der Erkenntnis, dass gehandelt werden muss?

Doch bedenken Sie: Wie oft haben wir schon an uns beobachtet, dass unser Verstand überzeugt ist, alles richtig zu bewerten? Wie oft haben wir schon Entscheidungen getroffen, die für andere offensichtlich falsch waren? Tatsache ist: **Wir alle haben einen Verstand, der sich selbst bestätigt.**

- Schon einmal zu schnell auf der Autobahn gefahren? Kein Problem, sagt der Verstand, kann ja mal passieren, es gab ja keinen Unfall!
- Raucher? Ist zwar ungesund, aber andere überleben dass auch, meint der Verstand.
- Ungesunde Ernährung? Naja, hab ich mir bei dem Stress ja auch verdient, ist der Verstand überzeugt.

Es ist eben diese Eigenart unseres Verstandes, die auch dazu führt, dass Fehleinschätzungen, die zu Stress führen, nicht erkannt werden. So entsteht ein Unvermögen, sich distanziert von außen zu betrachten und daraus entsprechende Schlüsse zu ziehen.

Aus dem Alltag unseres Burnout-Helpcenters

Bei dem Informationsgespräch mit Rainer M. und seiner Frau Sabine stellt sich schnell heraus, dass falsche Sichtweisen und offensichtliche Fehl-Einschätzungen von ihm dazu führen, dass er in ein Hamsterrad hinein rutscht. „Wir müssen ja für später alles abbezahlt haben" meint er. „Und dem hat sich alles unterzuordnen". Die Folge: Massive Verleugnung eigener Bedürfnisse, Rückzug aus der Partnerschaft, körperliche Beschwerden, zuletzt Hilflosigkeit und - Burnout

---

In der Konsequenz bedeutet dies, dass Betroffene mit Burnout in der Regel erst dann handeln, wenn die körperlichen Symptome so schlimm geworden sind, dass ein normales Leben nicht mehr möglich ist. Und dann ist es oft zu spät. Deshalb müssen Sie handeln.

Aus dem Alltag unseres Burnout-Helpcenters

Im Jahr 2010 haben wir recherchiert, wer bei unseren Gästen veranlasst hat, dass diese sich zu uns begeben haben. Befragt wurden 115 repräsentative Personen. Hier das Ergebnis:

Wer hat Sie auf ein Burnout zuerst hingewiesen und sich gekümmert?

- Ich selbst
- Mein Partner
- Mein Freund
- Mein Chef
- Mein Kollege

Ergreifen Sie die Initiative – aber: Sollte es sich um ein Burnout handeln, wird es nicht einfach sein, den Betroffenen davon zu überzeugen. Im dritten Teil werden wir uns diesem Thema annehmen.

Zum Schluss noch ein Hinweis

Wenn Sie jetzt gelesen haben, dass der Verstand sich selbst bestätigt, dann gilt dies natürlich auch für Sie selbst als Leser. Beobachten Sie sich bei den nachfolgenden Fragen ebenfalls sehr aufmerksam – vielleicht sind ja schon selbst mitten im Geschehen und es riecht bei Ihnen auch schon „brenzlig"? Das wäre nicht ungewöhnlich – wir beobachten dies sehr oft und können daher nur an Sie appellieren, wachsam zu sein, sich zu beobachten und im Verdachtsfall schnell und kompromisslos Hilfe zu suchen.

Menschen in Burnout-Situationen erkennen oft die eigene Situation nicht

Ablauf und Vorbereitung

Wir haben im nun folgenden 2. Teil verschiedene Fragen zusammengestellt, die Sie selbst beantworten sollten. Sie – aber warum nicht der Mensch, um den es geht?

In dem obigen Abschnitt „Warum der Betroffene nicht selbst handelt" haben wir Ihnen beschrieben, dass der Verstand sich selbst bestätigt. Das bedeutet aber nicht nur, dass eigene Probleme oft und gerne verleugnet werden - auch wenn Sie konkret fragen „Hast Du..." können Sie nur mit geringer Wahrscheinlichkeit rechnen, objektive und neutrale, selbstreflektierende Antworten zu erhalten.

Aus dem Alltag unseres Burnout-Helpcenters

Kennen Sie alle diese Artikel in Zeitschriften, in denen die neuesten Burnout-Tests abgedruckt werden? In denen Betroffene feststellen können, ob sie an einem Burnout-Syndrom leiden. In denen Betroffene erkennen können, wie die aktuelle Situation ist.

Wenn Sie jetzt wissen, dass der Verstand keine objektiven Antworten bei Betroffenen zulässt – dann erkennen Sie, wie unrealistisch diese Befragungen sind. Oft zeigen sie, dass der Entwickler dieser Befragung von der Realität eines Burnout-Syndroms schlicht und einfach zu wenig Erfahrung im Alltag hat. Letztendlich sind diese Tests sogar schädlich, denn der Betroffene erhält ja als Feedback den Eindruck, dass er so weitermachen kann wie bisher.

Und genau das beobachten wir auch im Alltag in unserem Burnout-Helpcenter. Würden wir bei der Begutachtung von Burnout-Prozessen nicht mit einer speziellen Fragetechnik arbeiten, hätten wir keine verwertbaren Antworten – und keine weiteren Ansätze, um effektiv zu helfen. Wir verwenden dazu den auch im Buchhandel erhältlichen Interviewleitfaden „Meine Situation", ISBN 978-3-8423-4176-0.

Für Sie und uns bedeutet dies gleichermaßen: Nur über Beobachtung können Sie für sich eine Einschätzung erhalten, ob ein Burnout-Prozess vorliegt!

Deshalb gibt es für Sie folgende Vorgehensweise:

1. Bitte sprechen Sie ihn/sie **NICHT** auf Ihren Verdacht an und teilen Sie ihm/ihr **NICHT** mit, dass Sie jetzt eine Einschätzung vornehmen. Erst wenn Sie den dritten Teil gelesen haben, können Sie ihn/sie informieren. Sollten Sie ihn/sie davor schon mehrfach auf Burnout hingewiesen haben, so kann dies die Einschätzung verfälschen.

2. Um diese Einschätzung vorzunehmen, müssen Sie eine spezielle Beobachtung in Form eines Tagesbuchs vornehmen und danach allgemeine Fragen beantworten. Für das Tagebuch suchen Sie sich eine „typische" Alltagswoche aus. Also bitte nicht den Urlaub, aber auch nicht die hektische Jahresendezeit. Wenn Sie Fragen nicht beantworten können, lassen Sie diese einfach weg, die Sichtweise wird damit allerdings etwas pessimistischer.

3. Natürlich wissen Sie, dass dieses Buch höchst vertraulich ist - später werden sie dieses dem/der Betroffenen übergeben. Dieser kann es dann zum Beispiel als Basis einer Begutachtung an entsprechende Experten, zum Beispiel Burnout-Lotsen®, weiterreichen.

4. Respektieren Sie die Privatsphäre des Menschen, um den Sie sich sorgen machen. Auch wenn es Ihr Partner oder ein direkter Verwandter ist, haben Sie kein Recht, zum Beispiel in seinem Mobiltelefon zu spionieren, um irgendwelche Fragen zu beantworten.

5. Nehmen Sie aus der Beantwortung der Fragen jegliche Emotion und Eigen-Interpretation heraus, in dem Sie die Fragen nicht mitten im Alltag beantworten. Bei Tests zu diesem Buch hat es sich bewährt, zum Beispiel einen Wellness-Tag einzulegen und dort im Ruhebereich das Ganze durchzulesen und die allgemeinen Fragen auszufüllen. Das notwendige Tagebuch führen Sie hingegen jeden Abend. Es ist auch erlaubt und

möglich, Menschen Ihres Vertrauens bei der Einschätzung mit hinzuzunehmen, also nicht nur die Fragen allein zu beantworten!

6. Nochmal ganz wichtig: Beantworten Sie die Fragen ohne Emotionen – und achten Sie darauf, dass Sie nicht Wunschbilder aufbauen, die der/die Betroffene erfüllen sollte.

7. Am Ende der 2. Woche werten Sie die Ergebnisse gemäß dem Leitfaden aus. Lesen Sie dann im dritten Teil weiter, wie die nächsten Schritte aussehen können.

Und jetzt: Los geht's!

Das Tagebuch

Beginnen Sie am besten gleich sofort am morgigen Tag mit Ihren Aufzeichnungen – machen Sie immer ein Kreuz **vor** allen zutreffenden Angaben. Fragen Sie ihn regelmäßig, wie er zu der Dauer seiner Schlafenszeit, Aufstehzeit, Mittagszeit, Nachmittagszeit etc. steht, denn Sie werden diese Information später noch benötigen.

Datum:	1. von 14 Tagen
So war die Nacht:	
War nicht im gemeinsamen Bett	
Ist mehrfach aufgestanden und hat etwas gegessen/getrunken / war auf Toilette	Ist mehrfach aufgestanden und hat sich mit TV/Computer/DVD etc. beschäftigt
Hatte Alpträume	Hatte im Schlaf gewandelt
Hatte Kiefer/Zähneknirschen	Hatte Atemaussetzer beim Schlafen
Ist nassgeschwitzt aufgewacht	Hatte mehrfach wachgelegen
Sie/er meint, die Schlafzeit bis zum Aufstehen war zu kurz	
So war das Aufstehen:	
Nur zögernd aufgestanden	Liegen geblieben (evtl. krankgeschrieben)
Körperliche Beschwerden, besonders:	
Kopfschmerzen/Migräne	Nacken/Rückenschmerzen
Magen/Darmprobleme	Hoher unterer Blutdruck oder Puls
Beschäftigt sich mehr als 15 Min am PC/DVD/TV ohne produktiv zu sein	Trinkt zum Frühstück Alkohol
Sie/er meint, die Aufstehzeit bis zum Frühstück war zu kurz	Übertriebene Nahrungsaufnahme
	Verlangt nach etwas Süßem
So war die Mittagszeit (Essenszeit und Ruhezeit)	
Nicht anwesend, obwohl eine Anwesenheit möglich wäre	Übertriebene Nahrungsaufnahme
	Verlangt nach etwas Süßem
Schlechte Stimmung, besonders:	
Äußert Angst oder Frust gegenüber Arbeitsumfeld	Äußert Ärger gegenüber anderen Themen
Körperliche Beschwerden, besonders:	
Kopfschmerzen/Migräne	Nacken/Rückenschmerzen
Magen/Darmprobleme	
Beschäftigt sich mehr als 15 Min am PC/DVD/TV ohne produktiv zu sein	Trinkt zur Mittagszeit Alkohol
Sie/er meint, die Mittagszeit war zu kurz	

So war der Nachmittag

Nicht anwesend, obwohl eine Anwesenheit möglich wäre	Kein von sich kommendes motiviertes Handeln/Arbeiten (auch Hobby)
Schlechte Stimmung, besonders:	
Äußert Angst oder Frust gegenüber Arbeitsumfeld	Äußert Ärger gegenüber anderen Themen

Körperliche Beschwerden, besonders:	
Kopfschmerzen/Migräne	Nacken/Rückenschmerzen
Magen/Darmprobleme	

Meint, der Nachmittag war zu lang	Trinkt nachmittags Alkohol

So war der Abend

Nicht anwesend, obwohl eine Anwesenheit möglich wäre	Übertriebene Nahrungsaufnahme verlangt nach etwas Süßem
Schlechte Stimmung, besonders:	
Äußert Angst oder Frust gegenüber Arbeitsumfeld	Äußert Ärger gegenüber anderen Themen

Körperliche Beschwerden, besonders:	
Kopfschmerzen/Migräne	Nacken/Rückenschmerzen
Magen/Darmprobleme	Wirkt lethargisch, erschöpft

Beschäftigt sich mehr als 15 Min am PC/DVD/TV ohne produktiv zu sein	Trinkt Alkohol
Nach Mitternacht schlafen gegangen	Konnte wegen Tages-Problemen nicht einschlafen, grübelte länger
Sie/er meint, die Abendzeit war zu kurz	

So war der Tag

Keine Zärtlichkeiten	Wirkt permanent lethargisch, erschöpft, missmutig, traurig
Wirkt sehr gereizt, wenn es um die Arbeit, Familie, Partnerschaft und Kontakte zu Freunden/Bekannten geht	Hat mehr als 20 Minuten Sport am Stück absolviert
Hat mehr als 20 Minuten Entspannung am Stück erlebt	Hat sich aktiv um seine Ernährung gekümmert, z.B. Meinung geäußert
Hat am Tag mehr als 5 Zigaretten oder Pfeifen oder ähnliches geraucht	Trank am Tag mehr als 10 Tassen Kaffee/1 Liter Cola/1 Liter Energiegetränk
Tagessumme	_____ TagesPunkte

Datum:	2. von 14 Tagen

So war die Nacht:

War nicht im gemeinsamen Bett	
Ist mehrfach aufgestanden und hat etwas gegessen/getrunken / war auf Toilette	Ist mehrfach aufgestanden und hat sich mit TV/Computer/DVD etc. beschäftigt
Hatte Alpträume	Hatte im Schlaf gewandelt
Hatte Kiefer/Zähneknirschen	Hatte Atemaussetzer beim Schlafen
Ist nassgeschwitzt aufgewacht	Hatte mehrfach wachgelegen
Sie/er meint, die Schlafzeit bis zum Aufstehen war zu kurz	

So war das Aufstehen:

Nur zögernd aufgestanden	Liegen geblieben (evtl. krankgeschrieben)
Körperliche Beschwerden, besonders:	
Kopfschmerzen/Migräne	Nacken/Rückenschmerzen
Magen/Darmprobleme	Hoher unterer Blutdruck oder Puls
Beschäftigt sich mehr als 15 Min am PC/DVD/TV ohne produktiv zu sein	Trinkt zum Frühstück Alkohol
Sie/er meint, die Aufstehzeit bis zum Frühstück war zu kurz	Übertriebene Nahrungsaufnahme
	Verlangt nach etwas Süßem

So war die Mittagszeit (Essenszeit und Ruhezeit)

Nicht anwesend, obwohl eine Anwesen heit möglich wäre	Übertriebene Nahrungsaufnahme
	Verlangt nach etwas Süßem
Schlechte Stimmung, besonders:	
Äußert Angst oder Frust gegenüber Arbeitsumfeld	Äußert Ärger gegenüber anderen Themen
Körperliche Beschwerden, besonders:	
Kopfschmerzen/Migräne	Nacken/Rückenschmerzen
Magen/Darmprobleme	
Beschäftigt sich mehr als 15 Min am PC/DVD/TV ohne produktiv zu sein	Trinkt zur Mittagszeit Alkohol
Sie/er meint, die Mittagszeit war zu kurz	

So war der Nachmittag

Nicht anwesend, obwohl eine Anwesenheit möglich wäre	Kein von sich kommendes motiviertes Handeln/Arbeiten (auch Hobby)
Schlechte Stimmung, besonders:	
Äußert Angst oder Frust gegenüber Arbeitsumfeld	Äußert Ärger gegenüber anderen Themen
Körperliche Beschwerden, besonders:	
Kopfschmerzen/Migräne	Nacken/Rückenschmerzen
Magen/Darmprobleme	
Meint, der Nachmittag war zu lang	Trinkt nachmittags Alkohol

So war der Abend

Nicht anwesend, obwohl eine Anwesenheit möglich wäre	Übertriebene Nahrungsaufnahme verlangt nach etwas Süßem
Schlechte Stimmung, besonders:	
Äußert Angst oder Frust gegenüber Arbeitsumfeld	Äußert Ärger gegenüber anderen Themen
Körperliche Beschwerden, besonders:	
Kopfschmerzen/Migräne	Nacken/Rückenschmerzen
Magen/Darmprobleme	Wirkt lethargisch, erschöpft
Beschäftigt sich mehr als 15 Min am PC/DVD/TV ohne produktiv zu sein	Trinkt Alkohol
Nach Mitternacht schlafen gegangen	Konnte wegen Tages-Problemen nicht einschlafen, grübelte länger
Sie/er meint, die Abendzeit war zu kurz	

So war der Tag

Keine Zärtlichkeiten	Wirkt permanent lethargisch, erschöpft, missmutig, traurig
Wirkt sehr gereizt, wenn es um die Arbeit, Familie, Partnerschaft und Kontakte zu Freunden/Bekannten geht	Hat mehr als 20 Minuten Sport am Stück absolviert
Hat mehr als 20 Minuten Entspannung am Stück erlebt	Hat sich aktiv um seine Ernährung gekümmert, z.B. Meinung geäußert
Hat am Tag mehr als 5 Zigaretten oder Pfeifen oder ähnliches geraucht	Trank am Tag mehr als 10 Tassen Kaffee/1 Liter Cola/1 Liter Energiegetränk
Tagessumme	_____ TagesPunkte

Datum:	3. von 14 Tagen

So war die Nacht:

War nicht im gemeinsamen Bett	
Ist mehrfach aufgestanden und hat etwas gegessen/getrunken / war auf Toilette	Ist mehrfach aufgestanden und hat sich mit TV/Computer/DVD etc. beschäftigt
Hatte Alpträume	Hatte im Schlaf gewandelt
Hatte Kiefer/Zähneknirschen	Hatte Atemaussetzer beim Schlafen
Ist nassgeschwitzt aufgewacht	Hatte mehrfach wachgelegen
Sie/er meint, die Schlafzeit bis zum Aufstehen war zu kurz	

So war das Aufstehen:

Nur zögernd aufgestanden	Liegen geblieben (evtl. krankgeschrieben)
Körperliche Beschwerden, besonders:	
Kopfschmerzen/Migräne	Nacken/Rückenschmerzen
Magen/Darmprobleme	Hoher unterer Blutdruck oder Puls
Beschäftigt sich mehr als 15 Min am PC/DVD/TV ohne produktiv zu sein	Trinkt zum Frühstück Alkohol
Sie/er meint, die Aufstehzeit bis zum Frühstück war zu kurz	Übertriebene Nahrungsaufnahme
	Verlangt nach etwas Süßem

So war die Mittagszeit (Essenszeit und Ruhezeit)

Nicht anwesend, obwohl eine Anwesenheit möglich wäre	Übertriebene Nahrungsaufnahme
	Verlangt nach etwas Süßem
Schlechte Stimmung, besonders:	
Äußert Angst oder Frust gegenüber Arbeitsumfeld	Äußert Ärger gegenüber anderen Themen
Körperliche Beschwerden, besonders:	
Kopfschmerzen/Migräne	Nacken/Rückenschmerzen
Magen/Darmprobleme	
Beschäftigt sich mehr als 15 Min am PC/DVD/TV ohne produktiv zu sein	Trinkt zur Mittagszeit Alkohol
Sie/er meint, die Mittagszeit war zu kurz	

So war der Nachmittag

Nicht anwesend, obwohl eine Anwesenheit möglich wäre	Kein von sich kommendes motiviertes Handeln/Arbeiten (auch Hobby)
Schlechte Stimmung, besonders:	
Äußert Angst oder Frust gegenüber Arbeitsumfeld	Äußert Ärger gegenüber anderen Themen
Körperliche Beschwerden, besonders:	
Kopfschmerzen/Migräne	Nacken/Rückenschmerzen
Magen/Darmprobleme	
Meint, der Nachmittag war zu lang	Trinkt nachmittags Alkohol

So war der Abend

Nicht anwesend, obwohl eine Anwesenheit möglich wäre	Übertriebene Nahrungsaufnahme verlangt nach etwas Süßem
Schlechte Stimmung, besonders:	
Äußert Angst oder Frust gegenüber Arbeitsumfeld	Äußert Ärger gegenüber anderen Themen
Körperliche Beschwerden, besonders:	
Kopfschmerzen/Migräne	Nacken/Rückenschmerzen
Magen/Darmprobleme	Wirkt lethargisch, erschöpft
Beschäftigt sich mehr als 15 Min am PC/DVD/TV ohne produktiv zu sein	Trinkt Alkohol
Nach Mitternacht schlafen gegangen	Konnte wegen Tages-Problemen nicht einschlafen, grübelte länger
Sie/er meint, die Abendzeit war zu kurz	

So war der Tag

Keine Zärtlichkeiten	Wirkt permanent lethargisch, erschöpft, missmutig, traurig
Wirkt sehr gereizt, wenn es um die Arbeit, Familie, Partnerschaft und Kontakte zu Freunden/Bekannten geht	Hat mehr als 20 Minuten Sport am Stück absolviert
Hat mehr als 20 Minuten Entspannung am Stück erlebt	Hat sich aktiv um seine Ernährung gekümmert, z.B. Meinung geäußert
Hat am Tag mehr als 5 Zigaretten oder Pfeifen oder ähnliches geraucht	Trank am Tag mehr als 10 Tassen Kaffee/1 Liter Cola/1 Liter Energiegetränk
Tagessumme	_____ TagesPunkte

Datum:	4. von 14 Tagen

So war die Nacht:

War nicht im gemeinsamen Bett	
Ist mehrfach aufgestanden und hat etwas gegessen/getrunken / war auf Toilette	Ist mehrfach aufgestanden und hat sich mit TV/Computer/DVD etc. beschäftigt
Hatte Alpträume	Hatte im Schlaf gewandelt
Hatte Kiefer/Zähneknirschen	Hatte Atemaussetzer beim Schlafen
Ist nassgeschwitzt aufgewacht	Hatte mehrfach wachgelegen
Sie/er meint, die Schlafzeit bis zum Aufstehen war zu kurz	

So war das Aufstehen:

Nur zögernd aufgestanden	Liegen geblieben (evtl. krankgeschrieben)
Körperliche Beschwerden, besonders:	
Kopfschmerzen/Migräne	Nacken/Rückenschmerzen
Magen/Darmprobleme	Hoher unterer Blutdruck oder Puls
Beschäftigt sich mehr als 15 Min am PC/DVD/TV ohne produktiv zu sein	Trinkt zum Frühstück Alkohol
Sie/er meint, die Aufstehzeit bis zum Frühstück war zu kurz	Übertriebene Nahrungsaufnahme
	Verlangt nach etwas Süßem

So war die Mittagszeit (Essenszeit und Ruhezeit)

Nicht anwesend, obwohl eine Anwesen heit möglich wäre	Übertriebene Nahrungsaufnahme
	Verlangt nach etwas Süßem
Schlechte Stimmung, besonders:	
Äußert Angst oder Frust gegenüber Arbeitsumfeld	Äußert Ärger gegenüber anderen Themen
Körperliche Beschwerden, besonders:	
Kopfschmerzen/Migräne	Nacken/Rückenschmerzen
Magen/Darmprobleme	
Beschäftigt sich mehr als 15 Min am PC/DVD/TV ohne produktiv zu sein	Trinkt zur Mittagszeit Alkohol
Sie/er meint, die Mittagszeit war zu kurz	

So war der Nachmittag

Nicht anwesend, obwohl eine Anwesenheit möglich wäre	Kein von sich kommendes motiviertes Handeln/Arbeiten (auch Hobby)
Schlechte Stimmung, besonders:	
Äußert Angst oder Frust gegenüber Arbeitsumfeld	Äußert Ärger gegenüber anderen Themen

Körperliche Beschwerden, besonders:	
Kopfschmerzen/Migräne	Nacken/Rückenschmerzen
Magen/Darmprobleme	

Meint, der Nachmittag war zu lang	Trinkt nachmittags Alkohol

So war der Abend

Nicht anwesend, obwohl eine Anwesenheit möglich wäre	Übertriebene Nahrungsaufnahme verlangt nach etwas Süßem
Schlechte Stimmung, besonders:	
Äußert Angst oder Frust gegenüber Arbeitsumfeld	Äußert Ärger gegenüber anderen Themen

Körperliche Beschwerden, besonders:	
Kopfschmerzen/Migräne	Nacken/Rückenschmerzen
Magen/Darmprobleme	Wirkt lethargisch, erschöpft

Beschäftigt sich mehr als 15 Min am PC/DVD/TV ohne produktiv zu sein	Trinkt Alkohol
Nach Mitternacht schlafen gegangen	Konnte wegen Tages-Problemen nicht einschlafen, grübelte länger
Sie/er meint, die Abendzeit war zu kurz	

So war der Tag

Keine Zärtlichkeiten	Wirkt permanent lethargisch, erschöpft, missmutig, traurig
Wirkt sehr gereizt, wenn es um die Arbeit, Familie, Partnerschaft und Kontakte zu Freunden/Bekannten geht	Hat mehr als 20 Minuten Sport am Stück absolviert
Hat mehr als 20 Minuten Entspannung am Stück erlebt	Hat sich aktiv um seine Ernährung gekümmert, z.B. Meinung geäußert
Hat am Tag mehr als 5 Zigaretten oder Pfeifen oder ähnliches geraucht	Trank am Tag mehr als 10 Tassen Kaffee/1 Liter Cola/1 Liter Energiegetränk
Tagessumme	_____ TagesPunkte

Datum:	5. von 14 Tagen

So war die Nacht:		
War nicht im gemeinsamen Bett		
Ist mehrfach aufgestanden und hat etwas gegessen/getrunken / war auf Toilette	Ist mehrfach aufgestanden und hat sich mit TV/Computer/DVD etc. beschäftigt	
Hatte Alpträume	Hatte im Schlaf gewandelt	
Hatte Kiefer/Zähneknirschen	Hatte Atemaussetzer beim Schlafen	
Ist nassgeschwitzt aufgewacht	Hatte mehrfach wachgelegen	
Sie/er meint, die Schlafzeit bis zum Aufstehen war zu kurz		

So war das Aufstehen:		
Nur zögernd aufgestanden	Liegen geblieben (evtl. krankgeschrieben)	
Körperliche Beschwerden, besonders:		
Kopfschmerzen/Migräne	Nacken/Rückenschmerzen	
Magen/Darmprobleme	Hoher unterer Blutdruck oder Puls	
Beschäftigt sich mehr als 15 Min am PC/DVD/TV ohne produktiv zu sein	Trinkt zum Frühstück Alkohol	
Sie/er meint, die Aufstehzeit bis zum Frühstück war zu kurz	Übertriebene Nahrungsaufnahme	
	Verlangt nach etwas Süßem	

So war die Mittagszeit (Essenszeit und Ruhezeit)		
Nicht anwesend, obwohl eine Anwesen heit möglich wäre	Übertriebene Nahrungsaufnahme	
	Verlangt nach etwas Süßem	
Schlechte Stimmung, besonders:		
Äußert Angst oder Frust gegenüber Arbeitsumfeld	Äußert Ärger gegenüber anderen Themen	
Körperliche Beschwerden, besonders:		
Kopfschmerzen/Migräne	Nacken/Rückenschmerzen	
Magen/Darmprobleme		
Beschäftigt sich mehr als 15 Min am PC/DVD/TV ohne produktiv zu sein	Trinkt zur Mittagszeit Alkohol	
Sie/er meint, die Mittagszeit war zu kurz		

So war der Nachmittag

Nicht anwesend, obwohl eine Anwesenheit möglich wäre	Kein von sich kommendes motiviertes Handeln/Arbeiten (auch Hobby)
Schlechte Stimmung, besonders:	
Äußert Angst oder Frust gegenüber Arbeitsumfeld	Äußert Ärger gegenüber anderen Themen

Körperliche Beschwerden, besonders:	
Kopfschmerzen/Migräne	Nacken/Rückenschmerzen
Magen/Darmprobleme	

Meint, der Nachmittag war zu lang	Trinkt nachmittags Alkohol

So war der Abend

Nicht anwesend, obwohl eine Anwesenheit möglich wäre	Übertriebene Nahrungsaufnahme verlangt nach etwas Süßem
Schlechte Stimmung, besonders:	
Äußert Angst oder Frust gegenüber Arbeitsumfeld	Äußert Ärger gegenüber anderen Themen

Körperliche Beschwerden, besonders:	
Kopfschmerzen/Migräne	Nacken/Rückenschmerzen
Magen/Darmprobleme	Wirkt lethargisch, erschöpft

Beschäftigt sich mehr als 15 Min am PC/DVD/TV ohne produktiv zu sein	Trinkt Alkohol
Nach Mitternacht schlafen gegangen	Konnte wegen Tages-Problemen nicht einschlafen, grübelte länger
Sie/er meint, die Abendzeit war zu kurz	

So war der Tag

Keine Zärtlichkeiten	Wirkt permanent lethargisch, erschöpft, missmutig, traurig
Wirkt sehr gereizt, wenn es um die Arbeit, Familie, Partnerschaft und Kontakte zu Freunden/Bekannten geht	Hat mehr als 20 Minuten Sport am Stück absolviert
Hat mehr als 20 Minuten Entspannung am Stück erlebt	Hat sich aktiv um seine Ernährung gekümmert, z.B. Meinung geäußert
Hat am Tag mehr als 5 Zigaretten oder Pfeifen oder ähnliches geraucht	Trank am Tag mehr als 10 Tassen Kaffee/1 Liter Cola/1 Liter Energiegetränk
Tagessumme	_____ TagesPunkte

Datum:	6. von 14 Tagen

So war die Nacht:

War nicht im gemeinsamen Bett	
Ist mehrfach aufgestanden und hat etwas gegessen/getrunken / war auf Toilette	Ist mehrfach aufgestanden und hat sich mit TV/Computer/DVD etc. beschäftigt
Hatte Alpträume	Hatte im Schlaf gewandelt
Hatte Kiefer/Zähneknirschen	Hatte Atemaussetzer beim Schlafen
Ist nassgeschwitzt aufgewacht	Hatte mehrfach wachgelegen
Sie/er meint, die Schlafzeit bis zum Aufstehen war zu kurz	

So war das Aufstehen:

Nur zögernd aufgestanden	Liegen geblieben (evtl. krankgeschrieben)
Körperliche Beschwerden, besonders:	
Kopfschmerzen/Migräne	Nacken/Rückenschmerzen
Magen/Darmprobleme	Hoher unterer Blutdruck oder Puls
Beschäftigt sich mehr als 15 Min am PC/DVD/TV ohne produktiv zu sein	Trinkt zum Frühstück Alkohol
Sie/er meint, die Aufstehzeit bis zum Frühstück war zu kurz	Übertriebene Nahrungsaufnahme
	Verlangt nach etwas Süßem

So war die Mittagszeit (Essenszeit und Ruhezeit)

Nicht anwesend, obwohl eine Anwesen heit möglich wäre	Übertriebene Nahrungsaufnahme
	Verlangt nach etwas Süßem
Schlechte Stimmung, besonders:	
Äußert Angst oder Frust gegenüber Arbeitsumfeld	Äußert Ärger gegenüber anderen Themen
Körperliche Beschwerden, besonders:	
Kopfschmerzen/Migräne	Nacken/Rückenschmerzen
Magen/Darmprobleme	
Beschäftigt sich mehr als 15 Min am PC/DVD/TV ohne produktiv zu sein	Trinkt zur Mittagszeit Alkohol
Sie/er meint, die Mittagszeit war zu kurz	

So war der Nachmittag

Nicht anwesend, obwohl eine Anwesenheit möglich wäre	Kein von sich kommendes motiviertes Handeln/Arbeiten (auch Hobby)
Schlechte Stimmung, besonders:	
Äußert Angst oder Frust gegenüber Arbeitsumfeld	Äußert Ärger gegenüber anderen Themen

Körperliche Beschwerden, besonders:	
Kopfschmerzen/Migräne	Nacken/Rückenschmerzen
Magen/Darmprobleme	

Meint, der Nachmittag war zu lang	Trinkt nachmittags Alkohol

So war der Abend

Nicht anwesend, obwohl eine Anwesenheit möglich wäre	Übertriebene Nahrungsaufnahme verlangt nach etwas Süßem
Schlechte Stimmung, besonders:	
Äußert Angst oder Frust gegenüber Arbeitsumfeld	Äußert Ärger gegenüber anderen Themen

Körperliche Beschwerden, besonders:	
Kopfschmerzen/Migräne	Nacken/Rückenschmerzen
Magen/Darmprobleme	Wirkt lethargisch, erschöpft

Beschäftigt sich mehr als 15 Min am PC/DVD/TV ohne produktiv zu sein	Trinkt Alkohol
Nach Mitternacht schlafen gegangen	Konnte wegen Tages-Problemen nicht einschlafen, grübelte länger
Sie/er meint, die Abendzeit war zu kurz	

So war der Tag

Keine Zärtlichkeiten	Wirkt permanent lethargisch, erschöpft, missmutig, traurig
Wirkt sehr gereizt, wenn es um die Arbeit, Familie, Partnerschaft und Kontakte zu Freunden/Bekannten geht	Hat mehr als 20 Minuten Sport am Stück absolviert
Hat mehr als 20 Minuten Entspannung am Stück erlebt	Hat sich aktiv um seine Ernährung gekümmert, z.B. Meinung geäußert
Hat am Tag mehr als 5 Zigaretten oder Pfeifen oder ähnliches geraucht	Trank am Tag mehr als 10 Tassen Kaffee/1 Liter Cola/1 Liter Energiegetränk
Tagessumme	_____ TagesPunkte

Datum:	7. von 14 Tagen

So war die Nacht:	
War nicht im gemeinsamen Bett	
Ist mehrfach aufgestanden und hat etwas gegessen/getrunken / war auf Toilette	Ist mehrfach aufgestanden und hat sich mit TV/Computer/DVD etc. beschäftigt
Hatte Alpträume	Hatte im Schlaf gewandelt
Hatte Kiefer/Zähneknirschen	Hatte Atemaussetzer beim Schlafen
Ist nassgeschwitzt aufgewacht	Hatte mehrfach wachgelegen
Sie/er meint, die Schlafzeit bis zum Aufstehen war zu kurz	

So war das Aufstehen:	
Nur zögernd aufgestanden	Liegen geblieben (evtl. krankgeschrieben)
Körperliche Beschwerden, besonders:	
Kopfschmerzen/Migräne	Nacken/Rückenschmerzen
Magen/Darmprobleme	Hoher unterer Blutdruck oder Puls
Beschäftigt sich mehr als 15 Min am PC/DVD/TV ohne produktiv zu sein	Trinkt zum Frühstück Alkohol
Sie/er meint, die Aufstehzeit bis zum Frühstück war zu kurz	Übertriebene Nahrungsaufnahme
	Verlangt nach etwas Süßem

So war die Mittagszeit (Essenszeit und Ruhezeit)	
Nicht anwesend, obwohl eine Anwesen heit möglich wäre	Übertriebene Nahrungsaufnahme
	Verlangt nach etwas Süßem
Schlechte Stimmung, besonders:	
Äußert Angst oder Frust gegenüber Arbeitsumfeld	Äußert Ärger gegenüber anderen Themen
Körperliche Beschwerden, besonders:	
Kopfschmerzen/Migräne	Nacken/Rückenschmerzen
Magen/Darmprobleme	
Beschäftigt sich mehr als 15 Min am PC/DVD/TV ohne produktiv zu sein	Trinkt zur Mittagszeit Alkohol
Sie/er meint, die Mittagszeit war zu kurz	

So war der Nachmittag

Nicht anwesend, obwohl eine Anwesenheit möglich wäre	Kein von sich kommendes motiviertes Handeln/Arbeiten (auch Hobby)
Schlechte Stimmung, besonders:	
Äußert Angst oder Frust gegenüber Arbeitsumfeld	Äußert Ärger gegenüber anderen Themen
Körperliche Beschwerden, besonders:	
Kopfschmerzen/Migräne	Nacken/Rückenschmerzen
Magen/Darmprobleme	
Meint, der Nachmittag war zu lang	Trinkt nachmittags Alkohol

So war der Abend

Nicht anwesend, obwohl eine Anwesenheit möglich wäre	Übertriebene Nahrungsaufnahme verlangt nach etwas Süßem
Schlechte Stimmung, besonders:	
Äußert Angst oder Frust gegenüber Arbeitsumfeld	Äußert Ärger gegenüber anderen Themen
Körperliche Beschwerden, besonders:	
Kopfschmerzen/Migräne	Nacken/Rückenschmerzen
Magen/Darmprobleme	Wirkt lethargisch, erschöpft
Beschäftigt sich mehr als 15 Min am PC/DVD/TV ohne produktiv zu sein	Trinkt Alkohol
Nach Mitternacht schlafen gegangen	Konnte wegen Tages-Problemen nicht einschlafen, grübelte länger
Sie/er meint, die Abendzeit war zu kurz	

So war der Tag

Keine Zärtlichkeiten	Wirkt permanent lethargisch, erschöpft, missmutig, traurig
Wirkt sehr gereizt, wenn es um die Arbeit, Familie, Partnerschaft und Kontakte zu Freunden/Bekannten geht	Hat mehr als 20 Minuten Sport am Stück absolviert
Hat mehr als 20 Minuten Entspannung am Stück erlebt	Hat sich aktiv um seine Ernährung gekümmert, z.B. Meinung geäußert
Hat am Tag mehr als 5 Zigaretten oder Pfeifen oder ähnliches geraucht	Trank am Tag mehr als 10 Tassen Kaffee/1 Liter Cola/1 Liter Energiegetränk
Tagessumme	_____ TagesPunkte

Datum:	8. von 14 Tagen

So war die Nacht:

War nicht im gemeinsamen Bett	
Ist mehrfach aufgestanden und hat etwas gegessen/getrunken / war auf Toilette	Ist mehrfach aufgestanden und hat sich mit TV/Computer/DVD etc. beschäftigt
Hatte Alpträume	Hatte im Schlaf gewandelt
Hatte Kiefer/Zähneknirschen	Hatte Atemaussetzer beim Schlafen
Ist nassgeschwitzt aufgewacht	Hatte mehrfach wachgelegen
Sie/er meint, die Schlafzeit bis zum Aufstehen war zu kurz	

So war das Aufstehen:

Nur zögernd aufgestanden	Liegen geblieben (evtl. krankgeschrieben)
Körperliche Beschwerden, besonders:	
Kopfschmerzen/Migräne	Nacken/Rückenschmerzen
Magen/Darmprobleme	Hoher unterer Blutdruck oder Puls
Beschäftigt sich mehr als 15 Min am PC/DVD/TV ohne produktiv zu sein	Trinkt zum Frühstück Alkohol
Sie/er meint, die Aufstehzeit bis zum Frühstück war zu kurz	Übertriebene Nahrungsaufnahme
	Verlangt nach etwas Süßem

So war die Mittagszeit (Essenszeit und Ruhezeit)

Nicht anwesend, obwohl eine Anwesen heit möglich wäre	Übertriebene Nahrungsaufnahme
	Verlangt nach etwas Süßem
Schlechte Stimmung, besonders:	
Äußert Angst oder Frust gegenüber Arbeitsumfeld	Äußert Ärger gegenüber anderen Themen
Körperliche Beschwerden, besonders:	
Kopfschmerzen/Migräne	Nacken/Rückenschmerzen
Magen/Darmprobleme	
Beschäftigt sich mehr als 15 Min am PC/DVD/TV ohne produktiv zu sein	Trinkt zur Mittagszeit Alkohol
Sie/er meint, die Mittagszeit war zu kurz	

So war der Nachmittag	
Nicht anwesend, obwohl eine Anwesenheit möglich wäre	Kein von sich kommendes motiviertes Handeln/Arbeiten (auch Hobby)
Schlechte Stimmung, besonders:	
Äußert Angst oder Frust gegenüber Arbeitsumfeld	Äußert Ärger gegenüber anderen Themen
Körperliche Beschwerden, besonders:	
Kopfschmerzen/Migräne	Nacken/Rückenschmerzen
Magen/Darmprobleme	
Meint, der Nachmittag war zu lang	Trinkt nachmittags Alkohol
So war der Abend	
Nicht anwesend, obwohl eine Anwesenheit möglich wäre	Übertriebene Nahrungsaufnahme verlangt nach etwas Süßem
Schlechte Stimmung, besonders:	
Äußert Angst oder Frust gegenüber Arbeitsumfeld	Äußert Ärger gegenüber anderen Themen
Körperliche Beschwerden, besonders:	
Kopfschmerzen/Migräne	Nacken/Rückenschmerzen
Magen/Darmprobleme	Wirkt lethargisch, erschöpft
Beschäftigt sich mehr als 15 Min am PC/DVD/TV ohne produktiv zu sein	Trinkt Alkohol
Nach Mitternacht schlafen gegangen	Konnte wegen Tages-Problemen nicht einschlafen, grübelte länger
Sie/er meint, die Abendzeit war zu kurz	
So war der Tag	
Keine Zärtlichkeiten	Wirkt permanent lethargisch, erschöpft, missmutig, traurig
Wirkt sehr gereizt, wenn es um die Arbeit, Familie, Partnerschaft und Kontakte zu Freunden/Bekannten geht	Hat mehr als 20 Minuten Sport am Stück absolviert
Hat mehr als 20 Minuten Entspannung am Stück erlebt	Hat sich aktiv um seine Ernährung gekümmert, z.B. Meinung geäußert
Hat am Tag mehr als 5 Zigaretten oder Pfeifen oder ähnliches geraucht	Trank am Tag mehr als 10 Tassen Kaffee/1 Liter Cola/1 Liter Energiegetränk
Tagessumme	_____ TagesPunkte

Datum:	9. von 14 Tagen

So war die Nacht:	
War nicht im gemeinsamen Bett	
Ist mehrfach aufgestanden und hat etwas gegessen/getrunken / war auf Toilette	Ist mehrfach aufgestanden und hat sich mit TV/Computer/DVD etc. beschäftigt
Hatte Alpträume	Hatte im Schlaf gewandelt
Hatte Kiefer/Zähneknirschen	Hatte Atemaussetzer beim Schlafen
Ist nassgeschwitzt aufgewacht	Hatte mehrfach wachgelegen
Sie/er meint, die Schlafzeit bis zum Aufstehen war zu kurz	

So war das Aufstehen:	
Nur zögernd aufgestanden	Liegen geblieben (evtl. krankgeschrieben)
Körperliche Beschwerden, besonders:	
Kopfschmerzen/Migräne	Nacken/Rückenschmerzen
Magen/Darmprobleme	Hoher unterer Blutdruck oder Puls
Beschäftigt sich mehr als 15 Min am PC/DVD/TV ohne produktiv zu sein	Trinkt zum Frühstück Alkohol
Sie/er meint, die Aufstehzeit bis zum Frühstück war zu kurz	Übertriebene Nahrungsaufnahme
	Verlangt nach etwas Süßem

So war die Mittagszeit (Essenszeit und Ruhezeit)	
Nicht anwesend, obwohl eine Anwesen heit möglich wäre	Übertriebene Nahrungsaufnahme
	Verlangt nach etwas Süßem
Schlechte Stimmung, besonders:	
Äußert Angst oder Frust gegenüber Arbeitsumfeld	Äußert Ärger gegenüber anderen Themen
Körperliche Beschwerden, besonders:	
Kopfschmerzen/Migräne	Nacken/Rückenschmerzen
Magen/Darmprobleme	
Beschäftigt sich mehr als 15 Min am PC/DVD/TV ohne produktiv zu sein	Trinkt zur Mittagszeit Alkohol
Sie/er meint, die Mittagszeit war zu kurz	

So war der Nachmittag	
Nicht anwesend, obwohl eine Anwesenheit möglich wäre	Kein von sich kommendes motiviertes Handeln/Arbeiten (auch Hobby)
Schlechte Stimmung, besonders:	
Äußert Angst oder Frust gegenüber Arbeitsumfeld	Äußert Ärger gegenüber anderen Themen
Körperliche Beschwerden, besonders:	
Kopfschmerzen/Migräne	Nacken/Rückenschmerzen
Magen/Darmprobleme	
Meint, der Nachmittag war zu lang	Trinkt nachmittags Alkohol

So war der Abend	
Nicht anwesend, obwohl eine Anwesenheit möglich wäre	Übertriebene Nahrungsaufnahme verlangt nach etwas Süßem
Schlechte Stimmung, besonders:	
Äußert Angst oder Frust gegenüber Arbeitsumfeld	Äußert Ärger gegenüber anderen Themen
Körperliche Beschwerden, besonders:	
Kopfschmerzen/Migräne	Nacken/Rückenschmerzen
Magen/Darmprobleme	Wirkt lethargisch, erschöpft
Beschäftigt sich mehr als 15 Min am PC/DVD/TV ohne produktiv zu sein	Trinkt Alkohol
Nach Mitternacht schlafen gegangen	Konnte wegen Tages-Problemen nicht einschlafen, grübelte länger
Sie/er meint, die Abendzeit war zu kurz	

So war der Tag	
Keine Zärtlichkeiten	Wirkt permanent lethargisch, erschöpft, missmutig, traurig
Wirkt sehr gereizt, wenn es um die Arbeit, Familie, Partnerschaft und Kontakte zu Freunden/Bekannten geht	Hat mehr als 20 Minuten Sport am Stück absolviert
Hat mehr als 20 Minuten Entspannung am Stück erlebt	Hat sich aktiv um seine Ernährung gekümmert, z.B. Meinung geäußert
Hat am Tag mehr als 5 Zigaretten oder Pfeifen oder ähnliches geraucht	Trank am Tag mehr als 10 Tassen Kaffee/1 Liter Cola/1 Liter Energiegetränk
Tagessumme	_____ TagesPunkte

Datum:	10. von 14 Tagen

So war die Nacht:

War nicht im gemeinsamen Bett	
Ist mehrfach aufgestanden und hat etwas gegessen/getrunken / war auf Toilette	Ist mehrfach aufgestanden und hat sich mit TV/Computer/DVD etc. beschäftigt
Hatte Alpträume	Hatte im Schlaf gewandelt
Hatte Kiefer/Zähneknirschen	Hatte Atemaussetzer beim Schlafen
Ist nassgeschwitzt aufgewacht	Hatte mehrfach wachgelegen
Sie/er meint, die Schlafzeit bis zum Aufstehen war zu kurz	

So war das Aufstehen:

Nur zögernd aufgestanden	Liegen geblieben (evtl. krankgeschrieben)
Körperliche Beschwerden, besonders:	
Kopfschmerzen/Migräne	Nacken/Rückenschmerzen
Magen/Darmprobleme	Hoher unterer Blutdruck oder Puls
Beschäftigt sich mehr als 15 Min am PC/DVD/TV ohne produktiv zu sein	Trinkt zum Frühstück Alkohol
Sie/er meint, die Aufstehzeit bis zum Frühstück war zu kurz	Übertriebene Nahrungsaufnahme
	Verlangt nach etwas Süßem

So war die Mittagszeit (Essenszeit und Ruhezeit)

Nicht anwesend, obwohl eine Anwesen heit möglich wäre	Übertriebene Nahrungsaufnahme
	Verlangt nach etwas Süßem
Schlechte Stimmung, besonders:	
Äußert Angst oder Frust gegenüber Arbeitsumfeld	Äußert Ärger gegenüber anderen Themen
Körperliche Beschwerden, besonders:	
Kopfschmerzen/Migräne	Nacken/Rückenschmerzen
Magen/Darmprobleme	
Beschäftigt sich mehr als 15 Min am PC/DVD/TV ohne produktiv zu sein	Trinkt zur Mittagszeit Alkohol
Sie/er meint, die Mittagszeit war zu kurz	

So war der Nachmittag

Nicht anwesend, obwohl eine Anwesenheit möglich wäre	Kein von sich kommendes motiviertes Handeln/Arbeiten (auch Hobby)
Schlechte Stimmung, besonders:	
Äußert Angst oder Frust gegenüber Arbeitsumfeld	Äußert Ärger gegenüber anderen Themen
Körperliche Beschwerden, besonders:	
Kopfschmerzen/Migräne	Nacken/Rückenschmerzen
Magen/Darmprobleme	
Meint, der Nachmittag war zu lang	Trinkt nachmittags Alkohol

So war der Abend

Nicht anwesend, obwohl eine Anwesenheit möglich wäre	Übertriebene Nahrungsaufnahme verlangt nach etwas Süßem
Schlechte Stimmung, besonders:	
Äußert Angst oder Frust gegenüber Arbeitsumfeld	Äußert Ärger gegenüber anderen Themen
Körperliche Beschwerden, besonders:	
Kopfschmerzen/Migräne	Nacken/Rückenschmerzen
Magen/Darmprobleme	Wirkt lethargisch, erschöpft
Beschäftigt sich mehr als 15 Min am PC/DVD/TV ohne produktiv zu sein	Trinkt Alkohol
Nach Mitternacht schlafen gegangen	Konnte wegen Tages-Problemen nicht einschlafen, grübelte länger
Sie/er meint, die Abendzeit war zu kurz	

So war der Tag

Keine Zärtlichkeiten	Wirkt permanent lethargisch, erschöpft, missmutig, traurig
Wirkt sehr gereizt, wenn es um die Arbeit, Familie, Partnerschaft und Kontakte zu Freunden/Bekannten geht	Hat mehr als 20 Minuten Sport am Stück absolviert
Hat mehr als 20 Minuten Entspannung am Stück erlebt	Hat sich aktiv um seine Ernährung gekümmert, z.B. Meinung geäußert
Hat am Tag mehr als 5 Zigaretten oder Pfeifen oder ähnliches geraucht	Trank am Tag mehr als 10 Tassen Kaffee/1 Liter Cola/1 Liter Energiegetränk
Tagessumme	_____ TagesPunkte

Datum:	11. von 14 Tagen

So war die Nacht:		
War nicht im gemeinsamen Bett		
Ist mehrfach aufgestanden und hat etwas gegessen/getrunken / war auf Toilette	Ist mehrfach aufgestanden und hat sich mit TV/Computer/DVD etc. beschäftigt	
Hatte Alpträume	Hatte im Schlaf gewandelt	
Hatte Kiefer/Zähneknirschen	Hatte Atemaussetzer beim Schlafen	
Ist nassgeschwitzt aufgewacht	Hatte mehrfach wachgelegen	
Sie/er meint, die Schlafzeit bis zum Aufstehen war zu kurz		

So war das Aufstehen:		
Nur zögernd aufgestanden	Liegen geblieben (evtl. krankgeschrieben)	
Körperliche Beschwerden, besonders:		
Kopfschmerzen/Migräne	Nacken/Rückenschmerzen	
Magen/Darmprobleme	Hoher unterer Blutdruck oder Puls	
Beschäftigt sich mehr als 15 Min am PC/DVD/TV ohne produktiv zu sein	Trinkt zum Frühstück Alkohol	
Sie/er meint, die Aufstehzeit bis zum Frühstück war zu kurz	Übertriebene Nahrungsaufnahme	
	Verlangt nach etwas Süßem	

So war die Mittagszeit (Essenszeit und Ruhezeit)		
Nicht anwesend, obwohl eine Anwesen heit möglich wäre	Übertriebene Nahrungsaufnahme	
	Verlangt nach etwas Süßem	
Schlechte Stimmung, besonders:		
Äußert Angst oder Frust gegenüber Arbeitsumfeld	Äußert Ärger gegenüber anderen Themen	
Körperliche Beschwerden, besonders:		
Kopfschmerzen/Migräne	Nacken/Rückenschmerzen	
Magen/Darmprobleme		
Beschäftigt sich mehr als 15 Min am PC/DVD/TV ohne produktiv zu sein	Trinkt zur Mittagszeit Alkohol	
Sie/er meint, die Mittagszeit war zu kurz		

So war der Nachmittag

Nicht anwesend, obwohl eine Anwesenheit möglich wäre	Kein von sich kommendes motiviertes Handeln/Arbeiten (auch Hobby)
Schlechte Stimmung, besonders:	
Äußert Angst oder Frust gegenüber Arbeitsumfeld	Äußert Ärger gegenüber anderen Themen
Körperliche Beschwerden, besonders:	
Kopfschmerzen/Migräne	Nacken/Rückenschmerzen
Magen/Darmprobleme	
Meint, der Nachmittag war zu lang	Trinkt nachmittags Alkohol

So war der Abend

Nicht anwesend, obwohl eine Anwesenheit möglich wäre	Übertriebene Nahrungsaufnahme verlangt nach etwas Süßem
Schlechte Stimmung, besonders:	
Äußert Angst oder Frust gegenüber Arbeitsumfeld	Äußert Ärger gegenüber anderen Themen
Körperliche Beschwerden, besonders:	
Kopfschmerzen/Migräne	Nacken/Rückenschmerzen
Magen/Darmprobleme	Wirkt lethargisch, erschöpft
Beschäftigt sich mehr als 15 Min am PC/DVD/TV ohne produktiv zu sein	Trinkt Alkohol
Nach Mitternacht schlafen gegangen	Konnte wegen Tages-Problemen nicht einschlafen, grübelte länger
Sie/er meint, die Abendzeit war zu kurz	

So war der Tag

Keine Zärtlichkeiten	Wirkt permanent lethargisch, erschöpft, missmutig, traurig
Wirkt sehr gereizt, wenn es um die Arbeit, Familie, Partnerschaft und Kontakte zu Freunden/Bekannten geht	Hat mehr als 20 Minuten Sport am Stück absolviert
Hat mehr als 20 Minuten Entspannung am Stück erlebt	Hat sich aktiv um seine Ernährung gekümmert, z.B. Meinung geäußert
Hat am Tag mehr als 5 Zigaretten oder Pfeifen oder ähnliches geraucht	Trank am Tag mehr als 10 Tassen Kaffee/1 Liter Cola/1 Liter Energiegetränk
Tagessumme	_____ TagesPunkte

Datum:	12. von 14 Tagen

So war die Nacht:

War nicht im gemeinsamen Bett	
Ist mehrfach aufgestanden und hat etwas gegessen/getrunken / war auf Toilette	Ist mehrfach aufgestanden und hat sich mit TV/Computer/DVD etc. beschäftigt
Hatte Alpträume	Hatte im Schlaf gewandelt
Hatte Kiefer/Zähneknirschen	Hatte Atemaussetzer beim Schlafen
Ist nassgeschwitzt aufgewacht	Hatte mehrfach wachgelegen
Sie/er meint, die Schlafzeit bis zum Aufstehen war zu kurz	

So war das Aufstehen:

Nur zögernd aufgestanden	Liegen geblieben (evtl. krankgeschrieben)
Körperliche Beschwerden, besonders:	
Kopfschmerzen/Migräne	Nacken/Rückenschmerzen
Magen/Darmprobleme	Hoher unterer Blutdruck oder Puls
Beschäftigt sich mehr als 15 Min am PC/DVD/TV ohne produktiv zu sein	Trinkt zum Frühstück Alkohol
Sie/er meint, die Aufstehzeit bis zum Frühstück war zu kurz	Übertriebene Nahrungsaufnahme
	Verlangt nach etwas Süßem

So war die Mittagszeit (Essenszeit und Ruhezeit)

Nicht anwesend, obwohl eine Anwesen heit möglich wäre	Übertriebene Nahrungsaufnahme
	Verlangt nach etwas Süßem
Schlechte Stimmung, besonders:	
Äußert Angst oder Frust gegenüber Arbeitsumfeld	Äußert Ärger gegenüber anderen Themen
Körperliche Beschwerden, besonders:	
Kopfschmerzen/Migräne	Nacken/Rückenschmerzen
Magen/Darmprobleme	
Beschäftigt sich mehr als 15 Min am PC/DVD/TV ohne produktiv zu sein	Trinkt zur Mittagszeit Alkohol
Sie/er meint, die Mittagszeit war zu kurz	

So war der Nachmittag	
Nicht anwesend, obwohl eine Anwesenheit möglich wäre	Kein von sich kommendes motiviertes Handeln/Arbeiten (auch Hobby)
Schlechte Stimmung, besonders:	
Äußert Angst oder Frust gegenüber Arbeitsumfeld	Äußert Ärger gegenüber anderen Themen
Körperliche Beschwerden, besonders:	
Kopfschmerzen/Migräne	Nacken/Rückenschmerzen
Magen/Darmprobleme	
Meint, der Nachmittag war zu lang	Trinkt nachmittags Alkohol

So war der Abend	
Nicht anwesend, obwohl eine Anwesenheit möglich wäre	Übertriebene Nahrungsaufnahme verlangt nach etwas Süßem
Schlechte Stimmung, besonders:	
Äußert Angst oder Frust gegenüber Arbeitsumfeld	Äußert Ärger gegenüber anderen Themen
Körperliche Beschwerden, besonders:	
Kopfschmerzen/Migräne	Nacken/Rückenschmerzen
Magen/Darmprobleme	Wirkt lethargisch, erschöpft
Beschäftigt sich mehr als 15 Min am PC/DVD/TV ohne produktiv zu sein	Trinkt Alkohol
Nach Mitternacht schlafen gegangen	Konnte wegen Tages-Problemen nicht einschlafen, grübelte länger
Sie/er meint, die Abendzeit war zu kurz	

So war der Tag	
Keine Zärtlichkeiten	Wirkt permanent lethargisch, erschöpft, missmutig, traurig
Wirkt sehr gereizt, wenn es um die Arbeit, Familie, Partnerschaft und Kontakte zu Freunden/Bekannten geht	Hat mehr als 20 Minuten Sport am Stück absolviert
Hat mehr als 20 Minuten Entspannung am Stück erlebt	Hat sich aktiv um seine Ernährung gekümmert, z.B. Meinung geäußert
Hat am Tag mehr als 5 Zigaretten oder Pfeifen oder ähnliches geraucht	Trank am Tag mehr als 10 Tassen Kaffee/1 Liter Cola/1 Liter Energiegetränk
Tagessumme	_____ TagesPunkte

Datum:	13. von 14 Tagen

So war die Nacht:

War nicht im gemeinsamen Bett	
Ist mehrfach aufgestanden und hat etwas gegessen/getrunken / war auf Toilette	Ist mehrfach aufgestanden und hat sich mit TV/Computer/DVD etc. beschäftigt
Hatte Alpträume	Hatte im Schlaf gewandelt
Hatte Kiefer/Zähneknirschen	Hatte Atemaussetzer beim Schlafen
Ist nassgeschwitzt aufgewacht	Hatte mehrfach wachgelegen
Sie/er meint, die Schlafzeit bis zum Aufstehen war zu kurz	

So war das Aufstehen:

Nur zögernd aufgestanden	Liegen geblieben (evtl. krankgeschrieben)
Körperliche Beschwerden, besonders:	
Kopfschmerzen/Migräne	Nacken/Rückenschmerzen
Magen/Darmprobleme	Hoher unterer Blutdruck oder Puls
Beschäftigt sich mehr als 15 Min am PC/DVD/TV ohne produktiv zu sein	Trinkt zum Frühstück Alkohol
Sie/er meint, die Aufstehzeit bis zum Frühstück war zu kurz	Übertriebene Nahrungsaufnahme
	Verlangt nach etwas Süßem

So war die Mittagszeit (Essenszeit und Ruhezeit)

Nicht anwesend, obwohl eine Anwesen heit möglich wäre	Übertriebene Nahrungsaufnahme
	Verlangt nach etwas Süßem
Schlechte Stimmung, besonders:	
Äußert Angst oder Frust gegenüber Arbeitsumfeld	Äußert Ärger gegenüber anderen Themen
Körperliche Beschwerden, besonders:	
Kopfschmerzen/Migräne	Nacken/Rückenschmerzen
Magen/Darmprobleme	
Beschäftigt sich mehr als 15 Min am PC/DVD/TV ohne produktiv zu sein	Trinkt zur Mittagszeit Alkohol
Sie/er meint, die Mittagszeit war zu kurz	

So war der Nachmittag

Nicht anwesend, obwohl eine Anwesenheit möglich wäre	Kein von sich kommendes motiviertes Handeln/Arbeiten (auch Hobby)
Schlechte Stimmung, besonders:	
Äußert Angst oder Frust gegenüber Arbeitsumfeld	Äußert Ärger gegenüber anderen Themen
Körperliche Beschwerden, besonders:	
Kopfschmerzen/Migräne	Nacken/Rückenschmerzen
Magen/Darmprobleme	
Meint, der Nachmittag war zu lang	Trinkt nachmittags Alkohol

So war der Abend

Nicht anwesend, obwohl eine Anwesenheit möglich wäre	Übertriebene Nahrungsaufnahme verlangt nach etwas Süßem
Schlechte Stimmung, besonders:	
Äußert Angst oder Frust gegenüber Arbeitsumfeld	Äußert Ärger gegenüber anderen Themen
Körperliche Beschwerden, besonders:	
Kopfschmerzen/Migräne	Nacken/Rückenschmerzen
Magen/Darmprobleme	Wirkt lethargisch, erschöpft
Beschäftigt sich mehr als 15 Min am PC/DVD/TV ohne produktiv zu sein	Trinkt Alkohol
Nach Mitternacht schlafen gegangen	Konnte wegen Tages-Problemen nicht einschlafen, grübelte länger
Sie/er meint, die Abendzeit war zu kurz	

So war der Tag

Keine Zärtlichkeiten	Wirkt permanent lethargisch, erschöpft, missmutig, traurig
Wirkt sehr gereizt, wenn es um die Arbeit, Familie, Partnerschaft und Kontakte zu Freunden/Bekannten geht	Hat mehr als 20 Minuten Sport am Stück absolviert
Hat mehr als 20 Minuten Entspannung am Stück erlebt	Hat sich aktiv um seine Ernährung gekümmert, z.B. Meinung geäußert
Hat am Tag mehr als 5 Zigaretten oder Pfeifen oder ähnliches geraucht	Trank am Tag mehr als 10 Tassen Kaffee/1 Liter Cola/1 Liter Energiegetränk
Tagessumme	_____ TagesPunkte

Datum:	14. von 14 Tagen

So war die Nacht:

War nicht im gemeinsamen Bett	
Ist mehrfach aufgestanden und hat etwas gegessen/getrunken / war auf Toilette	Ist mehrfach aufgestanden und hat sich mit TV/Computer/DVD etc. beschäftigt
Hatte Alpträume	Hatte im Schlaf gewandelt
Hatte Kiefer/Zähneknirschen	Hatte Atemaussetzer beim Schlafen
Ist nassgeschwitzt aufgewacht	Hatte mehrfach wachgelegen
Sie/er meint, die Schlafzeit bis zum Aufstehen war zu kurz	

So war das Aufstehen:

Nur zögernd aufgestanden	Liegen geblieben (evtl. krankgeschrieben)
Körperliche Beschwerden, besonders:	
Kopfschmerzen/Migräne	Nacken/Rückenschmerzen
Magen/Darmprobleme	Hoher unterer Blutdruck oder Puls
Beschäftigt sich mehr als 15 Min am PC/DVD/TV ohne produktiv zu sein	Trinkt zum Frühstück Alkohol
Sie/er meint, die Aufstehzeit bis zum Frühstück war zu kurz	Übertriebene Nahrungsaufnahme
	Verlangt nach etwas Süßem

So war die Mittagszeit (Essenszeit und Ruhezeit)

Nicht anwesend, obwohl eine Anwesen heit möglich wäre	Übertriebene Nahrungsaufnahme
	Verlangt nach etwas Süßem
Schlechte Stimmung, besonders:	
Äußert Angst oder Frust gegenüber Arbeitsumfeld	Äußert Ärger gegenüber anderen Themen
Körperliche Beschwerden, besonders:	
Kopfschmerzen/Migräne	Nacken/Rückenschmerzen
Magen/Darmprobleme	
Beschäftigt sich mehr als 15 Min am PC/DVD/TV ohne produktiv zu sein	Trinkt zur Mittagszeit Alkohol
Sie/er meint, die Mittagszeit war zu kurz	

So war der Nachmittag

Nicht anwesend, obwohl eine Anwesenheit möglich wäre	Kein von sich kommendes motiviertes Handeln/Arbeiten (auch Hobby)
Schlechte Stimmung, besonders:	
Äußert Angst oder Frust gegenüber Arbeitsumfeld	Äußert Ärger gegenüber anderen Themen

Körperliche Beschwerden, besonders:	
Kopfschmerzen/Migräne	Nacken/Rückenschmerzen
Magen/Darmprobleme	

Meint, der Nachmittag war zu lang	Trinkt nachmittags Alkohol

So war der Abend

Nicht anwesend, obwohl eine Anwesenheit möglich wäre	Übertriebene Nahrungsaufnahme verlangt nach etwas Süßem
Schlechte Stimmung, besonders:	
Äußert Angst oder Frust gegenüber Arbeitsumfeld	Äußert Ärger gegenüber anderen Themen

Körperliche Beschwerden, besonders:	
Kopfschmerzen/Migräne	Nacken/Rückenschmerzen
Magen/Darmprobleme	Wirkt lethargisch, erschöpft

Beschäftigt sich mehr als 15 Min am PC/DVD/TV ohne produktiv zu sein	Trinkt Alkohol
Nach Mitternacht schlafen gegangen	Konnte wegen Tages-Problemen nicht einschlafen, grübelte länger
Sie/er meint, die Abendzeit war zu kurz	

So war der Tag

Keine Zärtlichkeiten	Wirkt permanent lethargisch, erschöpft, missmutig, traurig
Wirkt sehr gereizt, wenn es um die Arbeit, Familie, Partnerschaft und Kontakte zu Freunden/Bekannten geht	Hat mehr als 20 Minuten Sport am Stück absolviert
Hat mehr als 20 Minuten Entspannung am Stück erlebt	Hat sich aktiv um seine Ernährung gekümmert, z.B. Meinung geäußert
Hat am Tag mehr als 5 Zigaretten oder Pfeifen oder ähnliches geraucht	Trank am Tag mehr als 10 Tassen Kaffee/1 Liter Cola/1 Liter Energiegetränk
Tagessumme	_____ TagesPunkte

Die Fragen

Auf den nachfolgenden Seiten finden Sie jetzt noch Fragen, die sich mit dem Umfeld Ihres Partners, seiner Ausbildung und Ihrem Eindruck von seiner Situation beschäftigen.

Neben den Fragen finden Sie rechts daneben immer eine Berechnung. Trifft eine Frage zu, so umkreisen Sie die Berechnung und führen diese aus. Am Ende einer Seite oder eines Frageblocks erfassen Sie immer das Zwischenergebnis, mit dem sie dann auf der nächsten Seite weiterrechnen.

Ein Beispiel für die nächste Seite: Ihr Partner ist eine Führungskraft mit Personalverantwortung und hat neben dem Vollzeit-Job noch einen 400 EUR Job. Das Zwischenergebnis ist dann der Wert 4.

Das Ergebnis aller Fragen wird dann in der Gesamtauswertung berücksichtigt, dort finden Sie dann auch weiter Informationen.

Viel Erfolg!

Die Fragen:	Bitte bei „Ja" die folgende Berechnung durchführen
Zur <u>aktuell</u> ausgeübten Tätigkeit: Sie/er ist... (mehrere Angaben sind möglich)	
Die Startzahl ist:	0
... in Ausbildung/Schule/Studium	+ 1
... Angestellter	+ 1
... Führungskraft	+ 1
... mit Personalverantwortung?	+ 1
... selbstständig mit mind. 50% sitzender Tatigkeit	+ 2
... selbstständig mit mind. 50% körperlicher Tätigkeit	+ 1
... primär im Haushalt tätig, mit Kindern	+ 2
... primär im Haushalt tätig, ohne Kinder	+ 1
... pflegt zur Haushaltsarbeit noch jemanden	+ 2
... hat einen Lehrberuf oder ähnliches?	+ 2
... Doppelbelastung Beruf und Haushalt	+ 3
... Dreifachbelastung Beruf, Haushalt und Kinder u.18 J	+ 4
... Vollzeit-Job und Nebenjob (400 EUR)	+2
Zwischenergebnis	

Die Fragen:	Bitte bei „Ja" die folgende Berechnung durchführen
… angestellt mit Nacht-/Wochenend-Schichten?	+ 3
… in einem sozialen Beruf (Pflege, Krankenhaus…)	+ 3
… arbeitet pro Woche mehr als 50 Stunden	+ 3
… im Ruhestand	+ 1
… im Ruhestand und arbeitet mehr als geringfügig (über der Basis € 400.-)?	+ 2
… ist arbeitssuchend	+ 1
…ist seit über einem Jahr arbeitssuchend	+ 2
Zwischenergebnis	

Die Fragen:	Bitte bei „Ja" die folgende Berechnung durchführen
Zur aktuellen gesundheitlichen Situation: Sie/er ...	
... ist seit 4-6 Wochen krankgeschrieben wegen Erschöpfung und/oder Depression	+ 2
... ist länger als 3Monaten krankgeschrieben wegen Erschöpfung und/oder Depression	+ 3
... hat seit mehr als 3 Monaten mit Dauerbeschwerden	+ 2
... war früher viel robuster und gesünder/fitter	+ 2
Zur LETZTEN Ausbildung: Sie/er ist... (mehrere Angaben sind NICHT möglich)	
Ihre/seine letzte abgeschlossene Ausbildung:	
• Hauptschule oder keine Ausbildung	0
• Realschule	+ 1
• Gymnasium	+ 1
• Studium	+ 3
• Fernstudium/Fernlehrgang	+ 3
• Berufsfachschule /Gesellenbrief	+ 2
• Meister in einem Handwerk	+ 3
Zwischenergebnis	

Die Fragen:	Bitte bei „Ja" die folgende Berechnung durchführen
Das Lebensgefühl: Sie/er meint,.. (nur eine Auswahl möglich)	
…in einer städtischen Umgebung zu leben	+ 3
…in einer ländlichen Umgebung zu leben	+ 1
Der Wohnraum von ihr/ihm:	
Ist abbezahltes Eigentum	+ 0
Ist Eigentum und muss noch abgezahlt werden	+ 3
Ist gemietet	+ 1
Zwischenergebnis	

Die Fragen:	Bitte bei „Ja" die folgende Berechnung durchführen
Die gesundheitliche Situation	
Wissen Sie folgende Werte von Ihr/Ihm:	
• Unterer Blutdruck (Diastole) liegt zwischen 120 und 110	+ 4
• Unterer Blutdruck (Diastole) liegt zwischen 110 und 100	+ 3
• Unterer Blutdruck (Diastole) liegt zwischen 100 und 88	+ 2,5
• Unterer Blutdruck (Diastole) liegt unter 88	+ 0
Sie/er hat mehrmals jährlich grippale Infekte/Erkältungen/Entzündungen	+ 3
Wenn sie/er eine Grippe/Erkältung hat, braucht sie/er mehr als 7Tage, um ganz gesund zu werden	+ 3
Sie/er nimmt regelmäßig Schmerz-Tabletten ein	+ 3
Sie/er benötigt regelmäßig Schmerz-Salben	+ 2
Sie/er nimmt regelmäßig Blutdruck-Senker ein	+ 3
Zwischenergebnis	
Die Fragen:	Bitte bei „Ja" die folgende Be-

	rechnung durch-führen
Sie/er nimmt öfter Antibiotika ein?	+ 3
Sie/er nimmt öfter Cortison ein?	+ 3
Sie/er hat Asthma (aber nicht schon seit der Kindheit)	+ 2
Sie/er hat Allergien (aber nicht schon seit der Kindheit)	+ 2
Sie/er hat Neurodermitis oder Gürtelrose?	+ 3
Zwischenergebnis	

Die Fragen:	Bitte bei „Ja" die folgende Berechnung durchführen
Sie/er bewegt sich ohne Pause mindestens 20 Minuten am Stück:	
• Nie	+ 4
• 1-2x die Woche	+ 1
• 3-4x die Woche	+ 0
• 5-6x die Woche	- 2
• Täglich	- 3
Täglich geht sie/er:	
• Maximal 60 Treppenstufen	+ 2
• Mehr als 60 Treppenstufen	+ 0
Zwischenergebnis	

Die Fragen:	Bitte bei „Ja" die folgende Berechnung durchführen
Wenn sie/er schnell geht, dann hat sie/er:	
• häufige Kurzatmigkeit mit Atem- und Bewegungspausen?	+ 4
• Herzstechen oder Druckgefühl in der Brust?	+ 4
• unregelmäßigen Herzschlag?	+ 3
Bei einer Frau: Aktuelles Körpergewicht ist mehr als 10 kg über Normalgewicht (Größe – 100) – 10%	+ 3
Bei einem Mann: Aktuelles Körpergewicht ist mehr als 10 kg über Normalgewicht (Größe – 100)	+ 3
Hat sie/er einen deutlich sichtbaren Bauch?	+ 2
Hat sie/er schon öfters Diäten gemacht oder gefastet?	+ 2
Nimmt sie/er Medikamente zur Gewichtsreduktion ein?	+ 3
Zwischenergebnis	

Die Fragen:	Bitte bei „Ja" die folgende Berechnung durchführen
Wenn Sie für den Speisenplan Ihres Partners mitverantwortlich entscheiden, weil Sie z.B. einkaufen, dann überlegen Sie sich bei diesen Fragen, wie er ohne Ihre Unterstützung sich ernähren würde:	
Sie/er meint von sich, sie/er ernährt sich gesund	- 2
Sie/er isst abends oft nach 21Uhr	+ 1
Sie/er meint von sich, sie/er achtet auf ein ausbalanciertes Frühstück	- 1
Sie/er isst einmal pro Woche Fisch	- 1
Sie/er isst nahezu täglich Gemüse und/oder Salate	- 2
Sie/er isst täglich Obst essen	- 1
Sie/er liebt fettreiche Ernährung	+ 3
Sie/er bevorzugt zur Hälfte der gesamten Ernährung Fertiggerichte	+ 2
Sie/er bevorzugt zur Hälfte der gesamten Ernährung Fastfood, Currywurst, Leberkäs-Brötchen oder Ähnliches	+ 3
Sie/er isst faserreiche Kohlenhydrate, also zum Beispiel Vollkornnudeln oder Vollkornbrot?	2
Zwischenergebnis	

Die Fragen:	Bitte bei „Ja" die folgende Berechnung durchführen
Sie/Er nimmt täglich zusätzliche Vitamine und Mineralien ein	- 1
Sie/Er isst regelmäßig Süßigkeiten	+ 2
Sie/Er lebt:	
• In einer sehr kurzfristigen Beziehung	+ 3
• In einer Beziehung, die kürzer dauert als 4 Jahre	1
• In einer Beziehung, die länger dauert als 4 Jahre	- 1
Zwischenergebnis	

Die Fragen:	Bitte bei „Ja" die folgende Berechnung durchführen
Hat Sie/er mindestens 2 richtig gute Freunde?	- 1
Sie/Er hat noch Interesse an einem Sexualleben?	- 2
Ist sie/er in einem oder mehreren Vereinen mit einem Ehrenamt aktiv?	- 1
Hat sie/er mindestens ein Haustier mit dem sie/er sich aktiv beschäftigt?	- 1
Hat sie/er ein Hobby, das in der Woche mindestens 2 Stunden der Zeit aktiv beansprucht?	- 1
Hat ihre/seine Mutter oder Vater eine ernsthafte Erkrankung oder ist ein Pflegefall??	+ 2
Waren oder sind ein Elternteil oder beide Eltern selbständig?	+ 4
Hat sie/er einen geregelten Tagesablauf, also feste Aufsteh-, Essens- und Ruhezeiten?	- 2
Hat sie/er eine feste Urlaubsplanung?	- 2
Hat sie/er im letzten Jahr einen Urlaub mit mehr als 12 Tagen am Stück gehabt?	- 2
Zwischenergebnis	

Die Fragen:	Bitte bei „Ja" die folgende Berechnung durchführen
Die beste Entspannung bei ihr/ihm:	
• Erfolgt durch Autogenes Training, Yoga, andere meditative Übungen	- 2
• Erfolgt durch Aktivität und Sport	- 2
• Erfolgt bei einem Glas Wein oder Bier	0
• Findet in der Regel erst nachts statt	+ 2
• Findet beim Lesen statt	- 1
Zwischenergebnis	
Sie/Er:	
Fährt immer mit angelegtem Sicherheitsgurt	- 1
Trinkt prinzipiell nie als Fahrer/in Alkohol	- 1
Fährt nie mit Jemandem, der Alkohol getrunken hat	- 1
Bringt das Auto regelmäßig zum Kundendienst	- 1
Betreibt eine Risiko-Sportart	+ 2
Fährt ein Motorrad	+ 2
Zwischenergebnis	

Die Fragen:	Bitte bei „Ja" die folgende Berechnung durchführen
Was beobachten Sie an ihr/ihm?	
Perfektionismus ist fester Bestandteil von ihrem/seinem Denken	+ 4
Sie/er kann oft nicht nein sagen	+ 2
Sie/er kann immer nicht nein sagen	+ 3
Sie /er sucht Anerkennung durch Andere	+ 2
Sie/er hat ein hohes Sicherheitsbedürfnis	+ 2
Sie/er ist zu anderen Menschen in letzter Zeit sehr distanziert	+ 2
Sie/er ist nicht mehr so zuverlässig wie früher	+ 2
Sie/er hat ist seit kurzem sehr aggressiv, hat vielleicht auch cholerische Anfälle	+ 3
Sie/er ist sehr vergesslich geworden	+ 2
Sie/er macht einen erschöpften Eindruck	+ 3
Sie/er macht einen sehr erschöpften Eindruck	+ 4
Endergebnis	

Nachdem Sie nun alle Fragen beantwortet haben, sollten Sie sich um die Auswertung des Tagebuchs kümmern.

Teil 3 - Auswertungen

Nachfolgend werden Sie Ihre Tagebucheintragungen auswerten – und die Berechnung der Antworten aus dem Fragen (siehe oben) damit ergänzen.

Es folgt dann die Gesamtauswertung.

Auswertung Ihrer Beobachtungen

Bitte gehen Sie nach den 14 Tagen „Tagebuchschreiben" folgende Berechnungen durch – Sie erhalten bei jedem Punkt zudem noch wichtige Informationen. Noch etwas zur Vorgehensweise: Wenn Ihr Partner zum Beispiel mehrfach nachts auf die Toilette musste, so gilt dies doch als nur ein Vorkommen in der Nacht und wird auch nur einmal gezählt (in dem Beispiel 2 Punkte). Hat er dieses Problem die vollen 14 Nächte gehabt, ergeben sich daraus also 28 Punkte.

Auswertungen zu „So war die Nacht":

- **War nicht im gemeinsamen Bett:**
  Typisches Zeichen für Menschen, die so
  erschöpft sind, dass zwischenmenschliche
  Beziehungen eine Last darstellen – oder
  nur ein untergeordnetes Interesse an der
  Partnerschaft besteht. Vergeben Sie für
  jedes Vorkommen 3 Punkte.
  Gesamtpunktzahl über 14 Tage: ....

- **Ist mehrfach aufgestanden und hat etwas
  gegessen/getrunken / war auf Toilette:**
  Ein Hinweis dafür, dass entweder organisches
  Probleme oder innere Unruhen vorliegen.
  Vergeben Sie für jedes Vorkommen 2 Punkte.
  Gesamtpunktzahl über 14 Tage: ....

- **Ist mehrfach aufgestanden und hat sich
  mit TV/Computer/DVD etc. beschäftigt:**
  Nur typisch bei Burnout-Betroffenen, wenn sich
  diese NICHT aktiv mit dem Gerät auseinandersetzen (Suchtgefahr?). Wer sich einfach nur
  „berieseln" lässt, hat entweder ein organisches
  Problem oder innere Unruhe.
  Vergeben Sie für jedes Vorkommen 1,5 Punkte.
  Gesamtpunktzahl über 14 Tage: ....

- **Hatte Alpträume:**
  Muss nicht auf ein klassisches Burnout-Syndrom
  hinweisen, dafür dürfen Sie keine Punkte vergeben,
  Ihre Feststellung ist aber später für einen Burnout-
  Lotsen oder Therapeuten wichtig.

- **Hatte im Schlaf gewandelt:**
  Muss nicht auf ein klassisches Burnout-Syndrom
  hinweisen, dafür dürfen Sie keine Punkte vergeben,
  Ihre Feststellung ist aber später für einen Burnout-
  Lotsen oder Therapeuten wichtig.

- **Hatte Kiefer/Zähneknirschen:**
  Typisches Zeichen für Burnout-Prozesse bei
  einem Menschen. Vergeben Sie für jedes
  Vorkommen 1,5 Punkte.
  Gesamtpunktzahl über 14 Tage: ....

- **Hatte Atemaussetzer beim Schlafen:**
  Oft ein Zeichen von Atemproblemen, vielfach
  in Kombination mit Übergewicht. Beides muss
  nicht auf ein klassisches Burnout-Syndrom
  hinweisen, dafür dürfen Sie daher keine
  Punkte vergeben, Ihre Feststellung ist aber
  wichtig und ein Arztbesuch ist sehr zu empfehlen.

- **Ist nassgeschwitzt aufgewacht:**
  Typisches Zeichen für Burnout-Prozesse bei
  einem Menschen – oder Wechseljahre. Wenn
  diese ausgeschlossen werden können, vergeben
  Sie für jedes Vorkommen 2 Punkte.
  Gesamtpunktzahl über 14 Tage: ....

- **Hatte mehrfach wachgelegen:**
  Typisches Zeichen für Burnout-Prozesse bei
  einem Menschen. Vergeben Sie für jedes
  Vorkommen 1,5 Punkte.
  Gesamtpunktzahl über 14 Tage: ....

- **Schlafzeit bis zum Aufstehen ab Einschlafen**
  Fragen Sie Ihren Partner, wie er seine eigene
  Schlafzeit einschätzt. Wenn er meint, sie
  sei zu kurz, so vergeben Sie für jedes
  Vorkommen 3 Punkte.
  Gesamtpunktzahl über 14 Tage: ....

- Gesamtpunktzahl zu „So war die Nacht":   ....

Ihre Notizen:

Auswertungen zu „So war das Aufstehen":

- **Nur zögernd aufgestanden:**
  oder: **liegen geblieben (evtl. krankgeschrieben)**
  Typisches Zeichen für Burnout-Prozesse bei
  einem Menschen. Sollte eine Krankschreibung
  wegen Erschöpfung/Depression vorliegen,
  vergeben Sie für jedes Vorkommen 2 Punkte,
  ansonsten 1 Punkt.
  Gesamtpunktzahl über 14 Tage: ....

- **Körperliche Beschwerden:**
  Dahinter können sich echte körperliche Probleme verbergen, welche bei Burnout je nach
  individuellem Schwachpunkt verstärkt werden.
  Bei Menschen mit Burnout-Prozessen sind aber
  auch viele psychosomatische Reaktionen auffällig, denen der Arzt keine eindeutige Ursache
  zuordnen kann. Vergeben Sie für jedes Vorkommen pro Krankheitsbild 1 Punkt, sofern nicht
  eine von einem Arzt eindeutig identifizierte
  Krankheit zugrunde liegt. Sind die Schmerzen sehr
  stark, vergeben Sie 2 Punkte.
  Gesamtpunktzahl über 14 Tage: ....

- **Beschäftigt sich mehr als 15 Min am**
  PC/DVD/TV ohne produktiv zu sein:
  Nur typisch bei Burnout-Betroffenen, wenn
  sich diese NICHT aktiv mit dem Gerät auseinandersetzen (Suchtgefahr?). Wer sich einfach nur „berieseln" lässt, hat entweder ein
  organisches Problem oder innere Unruhe.
  Vergeben Sie für jedes Vorkommen 1,5 Punkte.
  Gesamtpunktzahl über 14 Tage: ....

- **Trinkt Alkohol:**
  Ab einer Gesamtmenge über 1 Glas Wein/Bier
  am Tag sollten Sie auf Suchttendenzen aufpassen.
  Vergeben Sie NUR DANN für jeden Alkohol-Tag 2 Punkte.
  Gesamtpunktzahl über 14 Tage: ....

- **Übertriebene Nahrungsaufnahme:**
  Durch Burnout kann eine verändertes suchtartiges
  Essverhalten entstehen. Vergeben Sie für jedes
  Vorkommen 1 Punkt.
  Gesamtpunktzahl über 14 Tage: ....

- **Verlangt nach etwas Süßem:**
  Geschieht dies ständig, kann dies eine durch Burnout
  ausgelöster Belohnungsersatz sein. Vergeben Sie für
  jedes Vorkommen 1 Punkt.
  Gesamtpunktzahl über 14 Tage: ....

- **Zeit vom Aufstehen bis nach dem Frühstück**
  Fragen Sie Ihren Partner, wie er seine eigene
  Aufstehzeit einschätzt. Wenn er meint, sie
  sei zu kurz, so vergeben Sie für jedes
  Vorkommen 3 Punkte.
  Gesamtpunktzahl über 14 Tage: ....

- Gesamtpunktzahl zu „So war das Aufstehen":   ....

Auswertungen zu „So war die Mittagszeit":

- **Nicht anwesend, obwohl eine Anwesenheit möglich wäre:** Typisches Zeichen für Menschen, die so erschöpft sind, dass zwischenmenschliche Beziehungen eine Last darstellen – oder nur ein untergeordnetes Interesse an der Partnerschaft besteht. Vergeben Sie für jedes Vorkommen 3 Punkte.
  Gesamtpunktzahl über 14 Tage ....

- **Übertriebene Nahrungsaufnahme:** Durch Burnout kann eine verändertes suchtartiges Essverhalten entstehen. Vergeben Sie für jedes Vorkommen 1 Punkt.
  Gesamtpunktzahl über 14 Tage: ....

- **Verlangt nach etwas Süßem:** Geschieht dies ständig, kann dies eine durch Burnout ausgelöster Belohnungsersatz sein. Vergeben Sie für jedes Vorkommen 1 Punkt.
  Gesamtpunktzahl über 14 Tage: ....

- **Schlechte Stimmung:** Wenn Angst/Frust wegen dem Arbeitsumfeld besteht, dann jedes Mal 2 Punkte, wegen anderen Themen 1 Punkt.
  Gesamtpunktzahl über 14 Tage ....

- **Körperliche Beschwerden:** Dahinter können sich echte körperliche Probleme verbergen, welche bei Burnout je nach individuellem Schwachpunkt verstärkt werden.

Bei Menschen mit Burnout-Prozessen sind aber auch viele psychosomatische Reaktionen auffällig, denen der Arzt keine eindeutige Ursache zuordnen kann. Vergeben Sie für jedes Vorkommen pro Krankheitsbild 1 Punkt, sofern nicht eine von einem Arzt eindeutig identifizierte Krankheit zugrunde liegt. Sind die Schmerzen sehr stark, vergeben Sie 2 Punkte.
Gesamtpunktzahl über 14 Tage: ....

- **Beschäftigt sich mehr als 15 Min am PC/DVD/TV ohne produktiv zu sein:**
  Nur typisch bei Burnout-Betroffenen, wenn sich diese NICHT aktiv mit dem Gerät auseinandersetzen (Suchtgefahr?). Wer sich einfach nur „berieseln" lässt, hat entweder ein organisches Problem oder innere Unruhe.
  Vergeben Sie für jedes Vorkommen 1,5 Punkte.
  Gesamtpunktzahl über 14 Tage: ....

- **Trinkt Alkohol:**
  Ab einer Gesamtmenge über 1 Glas Wein/Bier am Tag sollten Sie auf Suchttendenzen aufpassen.
  Vergeben Sie NUR DANN für jeden Alkohol-Tag 2 Punkte.
  Gesamtpunktzahl über 14 Tage: ....

- **Fragen Sie Ihren Partner, wie er die Mittagszeit einschätzt.** Wenn er meint, sie sei zu kurz, so vergeben Sie für jedes Vorkommen 3 Punkte.
  Gesamtpunktzahl über 14 Tage: ....

- Gesamtpunktzahl zu „So war die Mittagszeit": ....

Auswertungen zu „So war der Nachmittag":

- **Nicht anwesend, obwohl eine Anwesenheit möglich wäre:** Typisches Zeichen für Menschen, die so erschöpft sind, dass zwischenmenschliche Beziehungen eine Last darstellen – oder nur ein untergeordnetes Interesse an der Partnerschaft besteht. Vergeben Sie für jedes Vorkommen 3 Punkte.
Gesamtpunktzahl über 14 Tage   ....

- **Kein von sich kommendes motiviertes Handeln oder Arbeiten (auch Hobby)**
Also z.B. nur ausruhen, fernsehen, musikhören, computerspielen etc. Geben Sie für jedes Vorkommen 2 Punkte
Gesamtpunktzahl über 14 Tage   ....

- **Schlechte Stimmung:**
Wenn Angst/Frust wegen dem Arbeitsumfeld besteht, dann jedes Mal 2 Punkte, wegen anderen Themen 1 Punkt.
Gesamtpunktzahl über 14 Tage   ....

- **Körperliche Beschwerden:**
Dahinter können sich echte körperliche Probleme verbergen, welche bei Burnout je nach individuellem Schwachpunkt verstärkt werden. Bei Menschen mit Burnout-Prozessen sind aber auch viele psychosomatische Reaktionen auffällig, denen der Arzt keine eindeutige Ursache zuordnen kann. Vergeben Sie für jedes Vorkommen pro Krankheitsbild 1 Punkt, sofern nicht eine von einem Arzt eindeutig identifizierte

Krankheit zugrunde liegt. Sind die Schmerzen sehr
stark, vergeben Sie 2 Punkte.
Gesamtpunktzahl über 14 Tage: ....

- **Trinkt Alkohol:**
  Ab einer Gesamtmenge über 1 Glas Wein/Bier
  am Tag sollten Sie auf Suchttendenzen aufpassen.
  Vergeben Sie NUR DANN für jeden Alkohol-Tag 2 Punkte.
  Gesamtpunktzahl über 14 Tage: ....

- **Fragen Sie Ihren Partner, wie er den
  Nachmittag einschätzt.** Wenn er meint, er
  sei zu lang, so vergeben Sie für jedes
  Vorkommen 3 Punkte.
  Gesamtpunktzahl über 14 Tage: ....

- Gesamtpunktzahl zu „So war der Nachmittag": ....

Ihre Notizen:

Auswertungen zu „So war der Abend":

- **Nicht anwesend, obwohl eine Anwesenheit möglich wäre:** Typisches Zeichen für Menschen, die so erschöpft sind, dass zwischenmenschliche Beziehungen eine Last darstellen – oder nur ein untergeordnetes Interesse an der Partnerschaft besteht. Vergeben Sie für jedes Vorkommen 3 Punkte.
  Gesamtpunktzahl über 14 Tage ....

- **Übertriebene Nahrungsaufnahme:** Durch Burnout kann eine verändertes suchtartiges Essverhalten entstehen. Vergeben Sie für jedes Vorkommen 1 Punkt.
  Gesamtpunktzahl über 14 Tage: ....

- **Verlangt nach etwas Süßem:** Geschieht dies ständig, kann dies eine durch Burnout ausgelöster Belohnungsersatz sein. Vergeben Sie für jedes Vorkommen 1 Punkt.
  Gesamtpunktzahl über 14 Tage: ....

- **Schlechte Stimmung:** Wenn Angst/Frust wegen dem Arbeitsumfeld besteht, dann jedes Mal 2 Punkte, wegen anderen Themen 1 Punkt.
  Gesamtpunktzahl über 14 Tage ....

- **Körperliche Beschwerden:**
  Dahinter können sich echte körperliche Probleme verbergen, welche bei Burnout je nach individuellem Schwachpunkt verstärkt werden. Bei Menschen mit Burnout-Prozessen sind aber auch viele psychosomatische Reaktionen auffällig, denen der Arzt keine eindeutige Ursache zuordnen kann. Vergeben Sie für jedes Vorkommen pro Krankheitsbild 1 Punkt, sofern nicht eine von einem Arzt eindeutig identifizierte Krankheit zugrunde liegt. Sind die Schmerzen sehr stark, vergeben Sie 2 Punkte.
  Gesamtpunktzahl über 14 Tage: ....

- **Beschäftigt sich mehr als 15 Min am PC/DVD/TV ohne produktiv zu sein:**
  Die Frage kennen Sie ja schon (s.o.)
  Vergeben Sie für jedes Vorkommen 1,5 Punkte.
  Gesamtpunktzahl über 14 Tage: ....

- **Trinkt Alkohol:**
  Ab einer Gesamtmenge über 1 Glas Wein/Bier am Tag sollten Sie auf Suchttendenzen aufpassen.
  Vergeben Sie NUR DANN für jeden Alkohol-Tag 2 Punkte.
  Gesamtpunktzahl über 14 Tage: ....

- **Nach Mitternacht schlafen gegangen:**
  Obwohl Menschen in Burnout-Prozessen total erschöpft sind, können sie oft nicht früh ins Bett gehen – meistens liegt man dann noch auf dem Sofa oder der Couch.
  Vergeben Sie für jedes Vorkommen 2 Punkte.
  Gesamtpunktzahl über 14 Tage: ....

- **Konnte wegen Tages-Problemen nicht einschlafen, grübelte länger**
  Wenn sie beobachten, dass sie/er schlecht einschläft, vielleicht noch lange grübelt, vergeben sie für jedes Vorkommen 2 Punkte.
  Gesamtpunktzahl über 14 Tage: ....

- **Fragen Sie Ihren Partner, wie er die Abendzeit einschätzt.** Ist sie zu kurz, so vergeben Sie für jedes Vorkommen 2 Punkte.
  Gesamtpunktzahl über 14 Tage: ....

- Gesamtpunktzahl zu „So war die Abendzeit":   ....

Für Ihre Notizen
_____

Auswertungen zu „So war der Tag":

- **Keine Zärtlichkeiten:**
  Neben Partnerschaftsproblemen können
  Burnout-Prozesse und chronischer Stress
  ebenfalls dafür verantwortlich sein, dass an
  einem Tag (Zeitpunkt egal) keine Zärtlich-
  keiten stattgefunden haben.
  Vergeben sie für jedes Vorkommen 1 Punkt.
  Gesamtpunktzahl über 14 Tage   ....

- **wirkt permanent lethargisch, erschöpft,
  missmutig, traurig:**
  Könnte auch ein Hinweis auf einen weiter-
  gehenden Burnout-Prozess ein.
  Vergeben sie für jedes Vorkommen 2 Punkte.
  Gesamtpunktzahl über 14 Tage   ....

- **wirkt sehr gereizt, wenn es um die Themen
  Arbeit, Familie, Partnerschaft und Kontakte
  zu Freunden/Bekannten geht:**
  Oft ein Zeichen von Hilflosigkeit, ausgelöst
  durch Burnout-Prozesse.
  Vergeben sie für jedes Vorkommen 1 Punkt.
  Gesamtpunktzahl über 14 Tage   ....

- **Hat mehr als 20 Minuten Sport am Stück
  absolviert:** Gut, denn damit können
  Stress-Hormone abgebaut werden.
  Vergeben sie für jedes Vorkommen -4 Punkte.
  Gesamtpunktzahl über 14 Tage   - ....

- **Hat mehr als 20 Minuten Entspannung am Stück erlebt:** Gut, denn damit können Stress-Hormone abgebaut werden. Vergeben sie für jedes Vorkommen -4 Punkte. Gesamtpunktzahl über 14 Tage (also Minuspunkte) - ....

- **Hat sich aktiv um seine Ernährung gekümmert:** Zum Beispiel durch Aussagen oder auch aktives Einkaufen. Vergeben Sie für jedes Vorkommen - 1 Punkt. Gesamtpunktzahl über 14 Tage (also Minuspunkte) - ....

- **hat am Tag mehr als 5 Zigaretten oder Pfeifen oder ähnliches geraucht:** Vergeben sie für jedes Vorkommen 1 Punkt Gesamtpunktzahl über 14 Tage ....

- **trank am Tag mehr als 10 Tassen Kaffee/ 1 Liter Cola/1 Liter Energiegetränk:** Vorkommen 1 Punkt Gesamtpunktzahl über 14 Tage ....

- **Gesamttagespunkte über 14 Tage (alles zusammenzählen abzgl. der Minuspunkte)** ....

Beantworten Sie jetzt noch die Fragen auf den nächsten Seiten – diese ermitteln das individuelle Risiko, durch die Umgebung in einen Burnout-Prozess zu gelangen.

Gesamtauswertung

Zählen Sie alle Zwischenergebnisse zusammen. Außerdem zählen Sie die Anzahl von Fragen zusammen, die Sie nicht beantworten konnten.

1.: Summe aller Zwischenergebnisse bei den Fragen:.......................................

2.: Teilen Sie den Wert von 1. durch die Zahl 10 :.......................................

3.: Runden Sie das Ergebnis von 2. auf die nächste ganze Zahl auf:................

4.: Gesamttagespunkte des Tagebuchs über 14 Tage: ....

5.: Teilen Sie den Wert von 4. durch die Zahl 100 :.......................................

6.: Runden Sie das Ergebnis von 5. auf die nächste ganze Zahl auf:................

Grundsätzlich:

Bei Ergebnissen kleiner 1, dann setzen Sie dafür den Wert „1",
bei Ergebnissen größer 10 dann den Wert „10".

Der Wert von 3. ist relevant für die Einschätzung des Fragebogens.
Der Wert von 6. ist relevant für die Einschätzung des Tagebuchs.

Teil 4: Die Einschätzung

Gesamtauswertung

Nachdem Sie alle Berechnungen durchgeführt haben, ergeben sich daraus nun die Einschätzungen. **Und auch hier nochmals der Hinweis: Es ist keine medizinische und/oder therapeutische Diagnose, sondern eben nur eine unverbindliche Einschätzung.** Wir haben zahlreiche Menschen, die unter einem Burnout-Syndrom litten, interviewt und deren Werte ermittelt (sogenannte „Vergleichswerte"). Diese Erkenntnisse werden wir Ihnen nachfolgend vermitteln.

Der Fragebogen

Er ermittelt, wie groß denn das Risiko ist, durch Umgebungs- und Umweltfaktoren in einen Burnout-Prozess zu rutschen.

1. **Gesamtpunktzahl unter 4,3: Geringes Risiko**

    Die Lebenssituation, aber auch die eigene mentale Einstellung der/des Betroffenen ergibt ein grundsätzlich geringes Risiko, in ein Hamsterrad hinein zu kommen. Trotzdem ist ein Burnout natürlich möglich – es müssen dann entweder die Überzeugungen der/des Betroffenen sehr ausgeprägt sein (ausgeprägter Perfektionismus, hohes Sicherheitsbedürfnis, ausgeprägte Suche nach Anerkennung) oder andere ganzheitliche Faktoren unterdrückt sein (kaum Sport, schlechte Ernährung, wenig Entspannung). Auch die Kombination ist denkbar, zum Beispiel hoher Perfektionismus wird mit viel Sport begegnet.

2. **Gesamtpunktzahl zwischen 4,3 und 6,8: Gesteigertes Risiko**

   Die Wahrscheinlichkeit, einen Burnout zu erleben, ist im Vergleich zu anderen Menschen deutlich gesteigert. Wenn die/der Betroffene eine ausreichend hohe Resilienz besitzt, also für sich durch Erziehung und Erfahrung entsprechende Lebens-Rezepte gefunden hat, kann ein Burnout zumindest mittelfristig vermieden werden. Aber Vorsicht: Ein längerer chronischer Stress (oft über Jahre), ausgelöst durch die Umgebung, führt bei dieser Punktzahl oft sehr gerne direkt in das Burnout.

3. **Gesamtpunktzahl über 6,8: Hohes Risiko**
   Hier ist schon im Fragebogen davon auszugehen, dass ein Burnout-Prozess mit großer Wahrscheinlichkeit eintreten kann. Nur die Frage, „wie tief" die/derjenige davon betroffenen ist, lässt sich hier nicht beantworten.

Das Tagebuch

Durch Ihre Beobachtungen über 14 Tage mit Hilfe des Tagebuchs konnten Sie die Rituale und instinktiven Handlungsweisen Ihres Partners erkennen. Bevor wir die Punktzahl einschätzen, möchten wir Ihnen aber noch dringend drei wichtige Hinweise zu den Tagebuchseiten geben:

Drei wichtige Hinweise

1. **Suchtverhalten**
   Bewusst haben wir Ihnen in dem Tagebuch Fragen zum Suchtverhalten gestellt: Alkohol, starkes Rauchen, Ernährung, technische Medien (PC/TV/DVD etc.), Medikamente. Denn für viele betroffene Menschen sind Süchte der unterbewusste Weg, über eine Eigenbelohnung aus der

aktuellen Situation zu fliehen. In extremen Ausprägungen ähnelt dieses Sucht-Verhalten dann dem einer Burnout-Situation. Analysieren Sie daher nochmals gezielt die Fragen – und wenn Sie feststellen, dass jeden Tag immer die gleichen Süchte auftreten und ansonsten ihr persönlicher Erschöpfungseindruck eher gering ist, dann ist dringend der Besuch bei einer Drogenberatung angeraten. Folgende Seiten im Internet sind dann sehr hilfreich:

http://www.kmdd.de/infopool-hilfe-und-beratung.htm
http://www.sonderglocke.de/suchtberatung/index.html

2. **Partnerschaftsprobleme**
Was für manche Partner wie ein Burnout erscheint, ist für die Betroffenen selbst schlicht und einfach nur ein Signal nach außen, dass an der Partnerschaft nur noch geringes oder überhaupt kein Interesse besteht. Es findet dann eine Flucht in einen anderen Lebensbereich statt, in dem der bisherige Partner nicht mehr vorkommt. Betrachten Sie dazu nochmals die Fragen, in denen danach gefragt wird, ob die/derjenige nicht mehr anwesend ist, obwohl theoretisch eine Anwesenheit möglich gewesen wäre (sie/er will einfach nicht mehr...). Ist dies der Fall und Sie haben nicht den persönlichen Eindruck, dass ansonsten eine Erschöpfung vorliegt (z.B. ist sie/er noch voll in einem anderen privatem Hobby hoch motiviert engagiert), dann empfehlen wir Ihnen, eine Partnerschaftsberatung aufzusuchen.

3. **Depression**
Ein Burnout-Prozess wird unbehandelt direkt in eine Depression (genannt „Erschöpfungs Depression") führen. Für Außenstehende ist eine Unterscheidung dann kaum mehr möglich – auch das Suchtverhalten und die Partnerschaftsprobleme sind bei Depressionen sehr auffällig. Wenn sie/er neben der Erschöpfung zusätzlich pessimistische Gedanken hat, ergänzend auch ständig weint oder sogar von Selbstmord spricht, ist dringendst Handlungsbedarf gegeben!

Während Menschen mit einem Burnout-Syndrom durch eine entsprechende Beratung und Begleitung noch eine Chance haben, aus eigener Kraft heraus zu kommen, ist dies bei Depressionen sehr schwierig und erfordert dringend eine fachärztliche Unterstützung. Er kennt dann auch Medikamente, die als Impuls die Depressionskette zerbrechen und der/dem Betroffenen die Möglichkeit geben, an einer ursachenorientierten Therapie teilzunehmen.

http://www.deutsche-depressionshilfe.de/

Auswertungsergebnisse des Tagebuchs

1. **Wert unter 4**
   Das Verhalten Ihres Partners erscheint in seiner Summe nicht so, wie es für einen Menschen in einem Burnout-Prozess typisch ist.

   Wenn Sie dennoch den Verdacht haben, dass sie/er sich in einem Burnout befindet, dann trifft vielleicht eher einer der drei Hinweise (siehe oben) zu. Oder: Ihr Partner hat zwar mental (also im Kopf) schon eine chronische Erschöpfung, kompensiert dies aber durch stärkere körperliche Beanspruchung oder ein intensives Hobby.
   Ist dies der Fall, sollten Sie die Situation so einschätzen, als wäre der Wert zwischen 4 und 6.

2. **Wert zwischen 4 und 6**
   Bei diesem Punktwert kann man schon vermuten, dass es „brenzlig" wird und es sich dringend etwas verändern muss. Wir sprechen hier noch von einer Burnout-Prävention (also dem Handeln vor dem eigentlichen Burnout) und nicht schon von einer notwendigen Burnout-Begleitung. Es besteht eine echte Chance, etwas zu verändern.

Die Erfahrung zeigt, dass wenn beide Partner gemeinsam das Thema angehen, schon mittelfristig der Wert unter 4 sinken wird. Mehr dazu im nächsten Kapitel.

3. **Wert ab 6**
    Jetzt ist schnelles und umfassendes Handeln notwendig – ob ein Burnout-Syndrom oder eine Depression vorliegt, muss ein Experte begutachten, es stehen aber alle Zeichen auf „Alarm". Und auf jeden Fall: So darf es nicht weitergehen, weil (früher oder später) auf jeden Fall die Zukunft Ihres Partners (und auch Ihre Partnerschaft selbst) sehr gefährdet ist. Konkrete Tipps dazu auf den nächsten Seiten.

Die nächsten Schritte

Sie haben jetzt die verschiedenen Werte und unsere Einschätzung dazu kennen gelernt. Doch wie geht es jetzt weiter?

Nachdem Sie ja die Initiative ergriffen haben und nun die Einschätzung vorgenommen haben, sollten Sie mit Ihrer Partnerin / Ihrem Partner darüber sprechen. Aber natürlich wissen Sie, dass es nicht so einfach ist, denn ansonsten wäre die/der Betroffene ja selbst schon auf die Idee gekommen, dass sie/er unter Burnout leidet.

Burnout-Betroffene Menschen leiden unter „Gedanken-Blockaden". Und diese und die Argumentation dagegen sollten Sie vor dem Gespräch kennen:

Der Betroffene denkt:

„Wenn ich Burnout zugebe, dann wird mich mein Partner ablehnen (und mir ist seine Sympathie sehr wichtig)"

Ihr Argumentation dagegen:

„Wenn Du die Situation eskalieren lässt, indem Du nicht handelst, riskierst Du, dass ich mich tatsächlich von Dir abwende. Lass uns darüber reden, denn auch Du bist mir wichtig."

Der Betroffene denkt:

„Wenn ich Burnout akzeptiere, dann bin ich daran schuld, dass der andere enttäuscht, verärgert oder verletzt ist."

Ihre Argumentation dagegen:

„Ich verstehe Deine Angst. Aber Du glaubst nur Deine eigene Einschätzung und kannst meine echte Reaktion doch gar nicht kennen."

Der Betroffene denkt:

„Wenn ich mein Burnout anerkenne, dann verliere ich die Stelle, meinen Partner etc. und ich habe dann große Probleme."

Ihre Argumentation dagegen:

„Du kannst nicht Hellsehen, was passieren wird. Vielleicht übertreibst Du auch Deine Angst. So schnell verlierst Du mich und Deinen Job nicht."

Das Gespräch

Es gibt verschiedene Strategien für das notwendige Gespräch. Hier ein paar Ideen, wie andere Partner von Gästen das Problem angegangen sind – die Betroffenen haben sich danach von unseren Burnout-Lotsen aus dem Burnout heraus begleiten lassen:

Helga H. aus Stuttgart hat zum Beispiel Ihren Mann zu einem Überraschungs-Wellness-Tag eingeladen. Dazu hat sie im Vorfeld „Verbündete" aus der Firma des Mannes gesucht, um eventuellen Terminstress im Vorfeld abzufangen. Am Ende des Tages hat sie ihm dann die vorgenommene Einschätzung gezeigt.

Martin M. aus dem Landkreis Esslingen hat sich an alte, längst vergessene Zweisamkeiten erinnert und seine Frau zu einem Wander-Wochenende in die Alpen eingeladen. Die Kinder wurden bei Freunden untergebracht und während des Wanderns hat er ihr dann von seiner Einschätzung berichtet.

Peter K. aus dem Großraum Freiburg hat sich zuerst mit den Schwiegereltern zusammen gesetzt und dann gemeinsam eine Vorschlagsliste erarbeitet, um seiner Frau zu helfen. Im Rahmen eines gemeinsamen Familienausflugs wurde dann Einschätzung und Lösungsvorschlag besprochen.

Martina Z. aus Leonberg hat Ihren Mann überrascht und zu dem Fußballspiel seines Lieblingsclub eingeladen und begleitet. Nach dem Spiel gingen sie gemeinsam essen und sie hat ihm dann ihre Einschätzung mitgeteilt.

Sabine T. aus Heilbronn suchte sich einen gemeinsamen Kinoabend mit anschließendem Candlelight-Dinner aus, um Ihrem Freund von ihrer Einschätzung zu berichten.

Weitere Informationen

Was Sie über die rechtliche Situation wissen sollten

Das Burnout-Syndrom ist keine anerkannte Krankheit. Krankenkassen sind daher grundsätzlich nicht gezwungen, Therapien zur Hilfe aus dem Burnout-Syndrom zu bezahlen. Allenfalls daraus resultierende Krankheiten wie Depressionen, Suchtverhalten, Störungen in der Sexualität und körperliche Symptome wie Rückenschmerzen und Migräne werden nach Prüfung übernommen.

Bedenken Sie aber auch: Ihr Partner sollte sein Lebensglück grundsätzlich nicht von einer Versicherung abhängig machen – es ist sein Leben! Wenn er in eine Burnout-Situation aufgrund hohen Arbeitseinsatzes gerutscht sein sollte, dann sollte er die dabei entstandenen Einnahmen in die Hand nehmen und diese in das Wertvollste investieren, was er hat – in sich!

Welche Ansprechpartner es gibt

Der Zustand Burnout ist Medizinern zwar seit langem bekannt, standardisierte Behandlungen gibt es jedoch nur eingeschränkt. Das liegt in erster Linie daran, dass die Ursachen und Symptome so unterschiedlich ausfallen.

Psychiater, oder genauer „Fachärzte für Psychiatrie", sind prinzipiell in der Lage, Burnout-Symptome zu erkennen und zu behandeln. Für gewöhnlich beschäftigen sie sich jedoch mit schweren psychischen Krankheiten wie beispielsweise Schizophrenie. Burnout ist damit nicht zu vergleichen. Er ist zwar vorwiegend psychisch-sozial bedingt, doch er gilt nicht als psychische Störung. Deshalb würde es „mit Kanonen auf Spatzen schießen" gleichkommen, sich mit Burnout an einen Psychiater zu wenden.

Psychologen haben Psychologie studiert und bezeichnen sich als „Diplom-Psychologen". Sie können lediglich beraten, verschreiben keine Medikamente und üben mit den Patienten auch keine Verhaltensweisen ein. Beratende Gespräche können hilfreich sein, sie reichen aber oft nur dann aus, um einem chronischen Zustand wie Burnout langfristig zu beseitigen, wenn ganzheitlich Experten andere Fachdisziplinen in die Betreuung integriert werden, meistens aus den Bereichen Sport und Physiotherapie.

Bei den **Psychotherapeuten** sind drei Ausrichtungen zu unterscheiden: Ersten gibt es die **psychologischen Psychotherapeuten**. Sie haben Psychologie studiert und anschließend eine mehrjährige Zusatzausbildung in Psychotherapie absolviert.

Die zweite Gruppe sind die **ärztlichen Psychotherapeuten**. Hier erfolgte die mehrjährige Zusatzausbildung nach einem Medizinstudium. Als drittes sind die **heilkundlichen Psychotherapeuten** zu nennen. Sie können ein Studium in anderen Fächern, wie zum Beispiel in Soziologie oder Pädagogik oder eine Ausbildung zum Heilpraktiker abgeschlossen haben. Auch Sie haben anschließend eine mehrjährige Zusatzausbildung in Psychotherapie absolviert.

Psychotherapeuten beachten körperliche und psychische Symptome. Sie helfen den Patienten über Gespräche und versuchen, negative Einstellungen und Gedanken der Patienten in positive zu verwandeln. Außerdem üben sie mit den Patienten hilfreiche Verhaltensweisen ein und bearbeiten Konflikte. Aber auch hier gilt: Ohne ganzheitliche Vorgehensweise ist der Erfolg schwerer zu erreichen.

Burnout-Lotsen sind Experten, die nur für den Schwerpunkt Burnout speziell in deutschen Burnout-Helpcentern ausgebildet worden sind. Sie müssen besondere Grundqualifikationen besitzen und eine theoretische und praktische Prüfung bestehen. Burnout-Lotsen arbeiten prinzipiell ganzheitlich und haben ein Netzwerk von weiteren Experten hinter sich. Burnout-Lotsen sind oft in Burnout-Helpcentern organisiert. Mehr unter

www.burnout-helpcenter.de und **www.burnout-lotsen.de**

Empfohlene Vorgehensweisen und Bücher

Meine Situation: Gutachten, erstellt von einem Burnout-Lotsen. Basis ist ein Interview über 330 Fragen, dass 23 Indizes ermittelt. Auf Basis des Gutachtens ist es viel besser möglich, individuelle Burnout-Prozesse zu erkennen und daraus entsprechende Empfehlungen auszusprechen. Eine Empfehlung ist zum Beispiel das Helpcamp.

Mein Helpcamp: Anonyme Gruppen, die sich an 12 Abenden regelmäßig unter der Regie von Burnout-Lotsen treffen und dort ganzheitlich Techniken und Vorgehensweisen erlernen, Erfahrungen austauschen und auch Sport und Entspannung praktizieren. Es kommen Techniken aus der kognitiven Verhaltenstherapie, Transaktionsanalyse und dem NLP zum Einsatz. Das Helpcamp kostet bundesweit einheitlich 390,00 EUR zzgl. 49,00 EUR Materialkosten.

Mein Help-Coaching: Individuelle Beratung auf Basis der kognitiven und emotiv-rationalen Verhaltenstherapie. Die Einzelstunden werden mit Zusatzaufgaben kombiniert – insgesamt dauert auch hier die Betreuung 12 Wochen. Das Help-Coaching kostet bundesweit einheitlich 150,00 EUR pro Stunde.

Mein Logbuch: Burnout ganzheitlich verhindert

Wenn Sie bei einem Burnout-Helpcamp teilnehmen, dann benötigen Sie als Unterrichtsskript das „Logbuch". Es enthält neben den Tagebuch-Blättern vor allem alle anderen notwendigen Unterlagen, um die „Hausaufgaben" zu erledigen.